Rainer Dürre

Legasthenie –
das Trainingsprogramm für Ihr Kind

W0048936

HERDER spektrum

Band 4960

Das Buch

So groß die Freude auf die Schule auch gewesen sein mag, so tief ist bei vielen Schülerinnen und Schülern nach zwei, drei Jahren die Enttäuschung, wenn es mit dem Lesen und der Rechtschreibung nicht so recht klappt. Liegt eine Lese- und Rechtschreibschwäche (Legasthenie) vor, ist fachliche Hilfe angezeigt, wobei die Eltern entscheidend mitwirken können. Dem Autor geht es in diesem Buch speziell um die Übungsmöglichkeiten, die Eltern zur Unterstützung zu Hause haben. Es ist nämlich überhaupt nicht sinnvoll, einfach nur Diktate zu üben, wie Eltern zunächst versucht sind, anzuordnen. Viel besser helfen differenzierte Übungsprogramme, die ganz gezielt an dieser Teilstörung arbeiten und nachweislich beachtliche Erfolge aufweisen. In diese Fördermöglichkeiten und Trainingsprogramme führt der Autor ein und versetzt Eltern in die Lage, mit Hilfe dieses Buches systematisch mit ihrem Kind zu üben. Ganz entspannt und ohne Druck kann sich die schulische Situation dadurch erheblich verbessern, und die ursprüngliche Selbstachtung des Kindes und die Freude an der Schule können nach einiger Zeit zurückkehren.

Der Autor

Rainer Dürre, Grundberuf Realschullehrer; zusätzlich ausgebildet als Suchtpräventionslehrer und als Beratungslehrer. Hat auf der Basis des „rhythmisch-silbierenden Mitsprechens" ein Trainingsprogramm für Eltern und Kinder entwickelt. Zusammen mit seiner Frau, einer diplomierten Legasthenietrainerin, hat er eine Praxis für Lernberatung.

Rainer Dürre

Legasthenie –
das Trainingsprogramm
für Ihr Kind

HERDER

FREIBURG · BASEL · WIEN

Gedruckt auf umweltfreundlichem,
chlorfrei gebleichtem Papier

6. Auflage

Originalausgabe

Alle Rechte vorbehalten – Printed in Germany
© Verlag Herder Freiburg im Breisgau 2000
www.herder.de
Satz: Rudolf Kempf, Emmendingen
Herstellung: fgb · freiburger graphische betriebe 2007
www.fgb.de
Umschlaggestaltung und Konzeption:
R·M·E München / Roland Eschlbeck, Liana Tuchel
Umschlagmotiv: © Karin Dürre
ISBN-10: 3-451-04960-0
ISBN-13: 978-3-451-04960-6

Inhalt

Vorwort

„Geben Sie nicht auf . . ."

Durchhaltevermögen werden Eltern und ihr Kind brauchen, bis sich erste Erfolge bei der Förderung der Lese-Rechtschreibschwäche einstellen. Das fängt bei der Suche nach Fachleuten, die ihnen die richtigen Ratschläge geben, an und geht bis zum Überwinden der eigenen Bequemlichkeit, um einen aufgestellten Trainingsplan einzuhalten.

Das vorliegende Buch macht Eltern Mut, den oft nicht einfachen Weg zu gehen, herauszufinden, ob ihr Kind Legastheniker ist, und wenn ja, seine Unterstützung und Förderung in die eigene Hand zu nehmen.

Es ist dabei Trainingsprogramm und Motivationshilfe zugleich für Eltern, die zusammen mit ihrem Kind etwas gegen dessen Schwäche im Lesen oder Rechtschreiben tun wollen.

Als Belohnung dieser Bemühungen wird in Aussicht gestellt, dass der Schüler/die Schülerin die Rechtschreibleistung so weit verbessern kann, dass die weitere Schulkarriere davon nicht mehr beeinträchtigt wird. Auf das Selbstwertgefühl wirkt sich ein Trainingserfolg natürlich ebenfalls vorteilhaft aus.

Eltern finden zunächst eine systematische Einführung in die Problematik der Lese-Rechtschreibschwäche.

Es wird belegt, dass lese-rechtschreibschwache Kinder wirkliche Probleme beim Lesen und Rechtschreiben haben und es einfach nicht so gut können, auch wenn sie wollen.

Die Erlasse der einzelnen Bundesländer zu dieser Problematik sind dazu im Anhang aufgeführt.

Engagierten Eltern, die ihre Kinder direkt bei der LRS-Förderung unterstützen wollen, wird dann das „Training zum silbierenden Mitsprechen" ausführlich und einleuchtend vorgestellt, um es selbst mit ihren Kindern durchführen zu können.

Motivation und Disziplin, die Eltern dabei aufbringen müssen, zahlen sich aus, indem sich das Kind durch die intensive und regelmäßige Beschäftigung mit seiner Schwäche angenommen und ernstgenommen fühlt.

Der Autor, selbst Beratungslehrer und Betreiber einer Lernpraxis, weiß wovon er spricht. Er geht immer konkret auf die häusliche Situation ein und gibt zahlreiche praktische Tipps und Anregungen, um am Ball zu bleiben und die Trainingseinheit zum Erfolg werden zu lassen.

Jeglichem Trainingsansatz vorausgehen sollte jedoch immer eine fachliche Diagnostik des Kindes. Dazu können sich Eltern an die Schulpsychologen, die Beratungslehrer der Schulen, an Bildungsberatungsstellen oder Erziehungsberatungsstellen wenden.

Öhringen im Juli 2000

Dieter Hofmeister
– Dipl. Psych./Dipl. Päd. –

Einleitung

Sie kennen die Situation: Ihr Kind hat Probleme in der Rechtschreibung und beim Lesen. Es hat die zweite Klasse hinter sich gebracht, kann aber kaum oder gar nicht lesen und die Rechtschreibung ist nach wie vor schlecht. Sie werden in die Schule bestellt und dort sagt man Ihnen, Sie müssen mit Ihrem Kind mehr Lesen üben, ihm Bücher kaufen und dafür sorgen, dass es diese auch liest. Außerdem sollten immer wieder Diktate geübt werden. Sie geben sich zu Hause die größte Mühe. Jeden Tag wird ein Diktat geübt. Sie drohen Ihrem Kind erst sanft, dann immer stärker, weil es nicht anfängt zu lesen. Sie arbeiten mit ihm gemeinsam und verzweifeln, wenn das Lesen trotz allem Üben nur darin besteht, dass Buchstabe an Buchstabe aneinander gereiht wird, ohne den Sinn des Wortes, geschweige denn eines ganzen Textes zu verstehen. Sollte das Lesen doch einigermaßen gelingen, finden Sie die Zeit viel zu lang, die das Kind braucht, um einen kleinen Absatz zu lesen. Sie wissen ja schließlich, dass andere Kinder im gleichen Alter oder sogar jüngere wesentlich besser und schneller lesen. Trotz Ihres großen zeitlichen und nervlichen Einsatzes ändert sich nichts, es zeigen sich keinerlei Erfolge und Fortschritte, weder beim Lesen noch bei der Rechtschreibung. Es wird ein neuer Gesprächstermin in der Schule vereinbart und Sie hören wieder dasselbe, nämlich: „Üben, üben, üben". Aber alles Üben bringt keinen Erfolg. Die Fehlerzahlen des Kindes bleiben so hoch, dass es oft nicht einmal für die Note 5 reicht. Das Diktat mit der Note 6 wird zurückgegeben mit der Bemerkung, dass doch mehr geübt werden sollte. Sie verzweifeln noch mehr und für das Kind bricht eine Welt zusammen.

Es weiß, es hat jeden Tag geübt – jedoch ohne Erfolg. Es weiß auch, dass es noch mehr üben sollte, aber eigentlich auch keine weitere Übungszeit mehr investieren kann, weder aus zeitlicher noch aus nervlicher Sicht.

Die Angst vor Diktaten wächst. Ebenso die Angst vor der Diktatrückgabe. Viele Lehrer sagen ihren Tadel laut vor der Klasse, lesen auch teilweise die Noten laut vor. Daheim erwartet dann viele Kinder auch noch Ärger von den Eltern und ein Auslachen durch die Geschwister. Der Druck auf das Kind wird erhöht, lieb gewonnene Freizeitbeschäftigungen werden gestrichen.

Dadurch erhöht sich der Erfolgsdruck auf das Kind noch mehr und es bekommt immer größere Angst vor den Klassenarbeiten in Deutsch. Dies kann sich unter Umständen auch auf andere Fächer auswirken. Mit Sicherheit wirkt es sich jedoch auf die Persönlichkeit des Kindes aus. Manche werden ängstlicher, zurückhaltender, andere aggressiv, aber bei allen wird die Schulunlust immer größer.

Dies alles hört sich für einige möglicherweise sehr extrem an, aber betroffene Eltern werden mir zustimmen. Haben sie es doch so oder ähnlich erlebt.

Vor meiner Ausbildung zum Beratungslehrer waren mir die Schwierigkeiten vieler Schüler im Lesen und bei der Rechtschreibung bewusst, aber dass das Problemfeld so umfassend ist, war mir nicht klar. Ebenso war ich der Meinung, dass mit genügend Üben das Problem in den Griff zu bekommen sei. Erst durch meine Ausbildung zum Beratungslehrer habe ich erfahren, wie groß die Problematik für die betroffenen Eltern und Kinder wirklich ist.

Meine Arbeit als Beratungslehrer hat mich zwangsläufig zu solchen Kindern geführt, denn die Eltern waren froh, endlich einen Ansprechpartner gefunden zu haben. Ich fing an, mich mit rechtschreibschwachen Kindern näher zu beschäftigen und auch zu überlegen, wie ihnen geholfen werden kann. Es zeigte sich jedoch schnell, dass ich als Beratungslehrer gar nicht die Zeit hatte, solche Kinder im Rahmen eines Trainingsprogramms zu fördern. Daraufhin begann ich, die Eltern betroffener Kinder in einer Trainingsmethode, die des rhythmisch silbierenden Mitsprechens, zu unterweisen, die auf Frau Buschmann zurückzuführen ist. Des Weiteren habe ich zusammen mit meiner Frau, einer diplomierten Legasthenietrainerin, unsere Praxis „SchulLeBen – Schule Lernen Beratung" eröffnet. Wir haben uns zur Aufgabe gemacht, Kindern mit Teilleistungsschwächen in den Fächern Deutsch und Mathematik durch gezielte Trainingsprogramme zu helfen. Aber auch Stärkung der Persönlichkeit und Entspannungsübungen stehen in unserem Programm. Einen weiteren großen Raum nimmt die Arbeit mit Eltern ein, sind diese doch heute immer mehr beim Lernen eingebunden, als dies früher der Fall war. So machen wir Seminare für Eltern, in denen gemeinsam erarbeitet wird, wie man seinem Kind in der häuslichen „Schule" helfen und es fördern kann. Außerdem finden regelmäßig Elternseminare über die „Methode des rhythmisch silbierenden Mitsprechens" statt. Ebenso bieten wir verschiedene Lernmaterialien für Deutsch und Mathematik an.

Viele Eltern von lese-rechtschreibschwachen Schülern haben die oben beschriebenen Aussagen einiger Lehrer tatsächlich so zu hören bekommen, doch auch wenn dies vorkommen kann, ist zu sagen, die meisten Lehrer geben sich sehr viel Mühe, den Schülern Lesen und Schreiben beizubringen. Differenzierter Unterricht, zugeschnitten auf lese-rechtschreibschwache Schüler, ist in der Grundschule an der Tagesordnung. Damit wird vielen Schülern beim Schriftspracherwerb geholfen.

Sehr negativ, und dies ist keineswegs die Schuld der Schule oder des einzelnen Lehrers, wirken sich große Klassen mit bis zu 33 Schülern auf das Lernverhalten und auf das Erlernen der

Sprache aus. Unsere heutige Kindergeneration sitzt nicht mehr so ruhig, angepasst oder ängstlich auf ihren Stühlen, wie dies früher der Fall war. Eine Grundschulklasse mit mehr als 28 Schülern zu unterrichten und dabei noch differenzierten Unterricht zu halten, bei dem den schwachen Schülern unter die Arme gegriffen werden soll, ist sehr schwierig. Ich hoffe nur, die Lehrer, vor allem die Grundschullehrer verlieren nicht den Mut und versuchen weiterhin, Kinder mit Problemen zu unterstützen.

Beginnen möchte ich mit den ersten Schuljahren, in denen einige Eltern bei ihrem Kind große Probleme in der Rechtschreibung und/oder beim Lesen feststellen. Ich werde aufzeigen, wie man als Vater oder Mutter damit umgehen kann und wie sich eine Lese-Rechtschreibschwäche auf die Persönlichkeit des Kindes auswirken kann. Als Nächstes werde ich die Biografie eines Schülers vorstellen, der mit einer ausgeprägten Rechtschreibschwäche zu mir in die Beratung kam. Danach scheint es angebracht, den Begriff der Legasthenie zu erklären und aufzuzeigen, welche Ursachen sie haben kann. Eltern fragen immer wieder, wie sie erkennen können, ob ihr Kind eine Lese-Rechtschreibschwäche hat. Deshalb habe ich in Anlehnung an Aussagen von Eltern einige Symptome aufgeführt und die Möglichkeit, Lese-Rechtschreibschwäche über Tests festzustellen, beschrieben. Einen großen Rahmen werden die Möglichkeiten einnehmen, Ihr Kind zu Hause durch gezieltes Training zu unterstützen. Es wird geschildert, welche Voraussetzungen da sein sollten und wie sie eventuell Ihr Kind zum zusätzlichen Lernen motivieren können.

Anschließend werde ich Möglichkeiten aufzeigen, mit denen Sie Ihrem Kind die Grundfertigkeiten des Lesenlernens beibringen können. Einen großen Raum nimmt die Methode des rhythmisch-silbierenden Mitsprechens ein. Ich möchte Sie mit dieser Methode bekannt machen und Ihnen Übungen mit ausführlichen Anleitungen zur Verbesserung der Rechtschreibleistung in die Hand geben, damit Sie dieses Training zu Hause mit Ihrem Kind durchführen können.

Die Anerkennung der Legasthenie eines Schülers verläuft bei uns in der Bundesrepublik Deutschland über die Schulen. Da diese wiederum an Erlasse, bzw. Verwaltungsvorschriften der zuständigen Kultusministerien gebunden sind, habe ich im Anhang diese Erlasse/Verwaltungsvorschriften zu LRS aller Bundesländer zusammengefasst. Anhand dieser Erlasse können Sie nachlesen, welche Vorschriften bezüglich LRS es in Ihrem Bundesland gibt und an wen Sie sich wenden können, wenn Sie der Meinung sind, Ihr Kind sei Legastheniker. Des Weiteren habe ich aufgeführt, welche Vor- und Nachteile diese Erlasse für Ihr Kind haben können. Außerdem ist im Anhang die Adresse des Bundesverbandes Legasthenie angegeben, sowie Adressen aus der Schweiz und Österreich, ebenso ein Test, mit dem die phonologische Bewusstheit – eine Grundvoraussetzung des Lesenlernens – überprüft werden kann.

Nun noch etwas Allgemeines:
Ich habe im vorliegenden Buch die Begriffe „Schüler", „Lehrer" und „Trainer" nicht als Geschlechts-, sondern als Berufsbezeichnung verwendet. Des Weiteren sind die Begriffe „Lese-Rechtschreibschwäche" und „Legasthenie" als gleich zu betrachten.

Was ist Legasthenie

Die ersten Schulerfahrungen

Die Einschulung ist für unsere Kinder ein großer Abschnitt in ihrem Leben. Viele fangen schon ein halbes Jahr vor der Einschulung an, immer wieder von der Schule zu sprechen. Eltern, Verwandte, Bekannte, Geschwister und Freunde stellen immer wieder dieselbe Frage: „Du kommst ja im Sommer in die Schule! Freust du dich darauf?", und die Kinder antworten mit einem strahlenden „Ja!". Sie fangen an, ihren Namen zu schreiben, leichte Rechenaufgaben zu stellen, um sie gleich selber zu lösen. Der Schulranzen wird ausgesucht, das Federmäppchen wird immer wieder aus- und eingeräumt. Mit einem Satz: Fast alle Kinder können den Einschulungstag kaum erwarten!

Aus diesem Grund sind sie auch sehr hellhörig, wenn Eltern und Geschwister über „ihre" Schule sprechen. Leider hören die Kinder dabei sehr oft auch weniger Erfreuliches. Namen von Lehrern werden ausgesprochen und in Zusammenhang mit gut oder schlecht, streng oder einfühlsam gestellt. Vielmals wird auch gesagt, dass die Kinder bei diesem oder jenem Lehrer nichts lernen und dieser hoffentlich nicht bei ihrem Kind unterrichten wird. Die Vorschulkinder hören aufmerksam zu und erzählen später, wenn man sie nach der Schule fragt, dass sie jene Lehrer nicht haben wollen, da man bei ihnen sowieso nichts lernen würde. Zwar sind diese negativen Bemerkungen spätestens am Einschulungstag in der Regel wieder verschwunden und sie sitzen mit ihren Schulranzen, der teilweise größer als das ganze Kind ist, im neuen Klassenzimmer und „himmeln" ihre Lehrer an. Die Bereitschaft zu lernen, das zu tun, was der Lehrer sagt, ist enorm. Dies hält in der Regel bei vielen Kindern während der gesamten Grundschulzeit an.

Erst mit dem Übertritt in die 5. Klasse, wenn der Klassenlehrer nicht mehr *die* Bezugsperson ist, lösen sich die meisten Kinder. Die Schule wird von Jahr zu Jahr negativer betrachtet und die Bereitschaft zum Lernen nimmt ab.

Von einem Lehrer-Schülerverhältnis wie in der Grundschule träumen viele Lehrer in den höheren Klassen. Das Fachlehrerprinzip der höheren Klassen – mehrere Lehrer unterrichten in der Klasse – ersetzt das Klassenlehrerprinzip der Grundschule – der Klassenlehrer unterrichtet fast alle Fächer in der Klasse – und damit ändert sich auch das Verhältnis zwischen Lehrern und Schülern.

Zurück zur Grundschule. Die ersten Buchstaben und Wörter werden gelernt. Irgendwann wird auch das erste Diktat geschrieben. Der Text wird zu Hause immer wieder geübt, bis keine Fehler mehr gemacht werden. Einige Eltern werden nun feststellen, dass ihr Kind beim Diktat in der Schule trotzdem noch Fehler macht, vielleicht sogar sehr viele Fehler. Sie werden sich vornehmen, für das nächste Diktat noch mehr zu üben und eventuell wird sich auch die Fehlerzahl etwas verringern. Das Kind wird älter und aus den geübten Diktaten werden jetzt häufiger auch ungeübte Diktate. Nun geht die Fehlerzahl bei einigen Kindern rapide in die Höhe. Man geht zum Klassenlehrer und fragt nach Hilfe. Häufig bekommen Eltern den Ratschlag, sie sollten mit ihrem Kind mehr lesen und schreiben üben. Natürlich wird dieser Ratschlag zu Hause in die Tat umgesetzt und es wird noch mehr geübt.

Ich möchte Sie nun bitten, sich in die Lage des Kindes zu versetzen. Übertragen Sie diese Situation einmal auf Ihren Arbeitsplatz. Ihr Vorgesetzter verlangt etwas von Ihnen, was Sie nicht gut können, was Sie nicht beherrschen. Sie wissen aber, dass Sie es tun müssen, um keine großen Schwierigkeiten im Betrieb zu bekommen. Sie merken, wie sich in Ihnen alles gegen diese Arbeit sträubt, wie Sie innerlich blockieren. Trotzdem versuchen Sie diese Tätigkeit so gut wie möglich auszuführen. Sie fragen sich, warum Ihr Vorgesetzter immer wieder auf diese Arbeit drängt, obwohl er doch weiß, dass Sie damit Schwierigkeiten haben. Er sagt auch noch zu Ihnen, dass Sie sich heute mal etwas mehr anstrengen sollten. Sie selber wissen, dass Sie sich die größte Mühe geben, spüren aber trotzdem im Inneren eine ungeheure Angst vor dieser Arbeit. Dasselbe können Sie in Ihren Freizeitbereich übertragen, wenn Sie eine Sache tun sollen, die Ihnen überhaupt nicht liegt. Es entsteht sofort eine innere Abwehrhaltung gegen diese Tätigkeit, die teilweise sogar in Angst umschlagen kann. Ich denke, wir alle haben schon solche oder ähnliche Situationen erlebt.

Und genau in so einer Situation steckt ein Kind, das weiß, dass es sehr viel für die Rechtschreibung übt, aber die Noten trotzdem nicht besser werden. Es entwickelt eine Angst vor Diktaten. Ganz schlimm wird es für das Kind, wenn der Lehrer das Diktat mit den Worten zurückgibt: „Du hast wohl nicht richtig gelernt!" oder „Du musst einfach mehr üben und lernen!". Viele Kinder und Eltern kennen solche Lehreraussagen. Mit Schrecken denkt das Kind an zu Hause, denn die schlechte Note im Diktat kann zur Folge haben, dass es noch mehr üben muss. Dies bedeutet noch weniger Freizeit, noch weniger spielen, dafür aber noch mehr Lernen. Und das in einer Zeit, in der die Kinder eigentlich noch gerne zur Schule gehen aber auch dringend freie Zeit zum Spielen mit Freunden und Geschwistern brauchen.

Kommt zu der schlechten Rechtschreibung auch noch das schlechte Lesen dazu, kann es sein, dass die Angst vor der Schule immer größer wird. Das Kind weiß, es wird jeden Tag in der Schule gelesen und es weiß auch, es wird vorlesen müssen. Die Erfahrungen der letzten Monate haben ihm aber gezeigt, dass die anderen alle viel besser lesen und es von diesen auch noch ausgelacht wird, wenn es selber vorlesen soll. Auch zu Hause bekommt es immer wieder zu hören, dass es schlecht liest. Daraus entwickelt sich bei dem Kinde eine starke Unlust dem Lesen gegenüber. Es wird sich weigern, ein Buch in die Hand zu nehmen. Wenn man es trotzdem schafft, mit seinem Kind ein Buch auszusuchen, wird es sich wahrscheinlich ein Buch mit sehr vielen Bildern wählen. Das Kind sieht, dass die Eltern über die Wahl glücklich sind. Trotzdem wird es sich kaum mit dem Text, dafür aber ausgiebigst mit den Bildern beschäftigen. Die Ängste werden sich noch mehr verstärken und sich auf die gesamte Persönlichkeit des Kindes auswirken.

Die Persönlichkeit des Kindes

Ich möchte nun mit Ihnen einen kurzen Ausblick auf die Persönlichkeitsentwicklung eines Kindes machen.

Das Grundschulkind ist in einem Alter, in dem es versucht, eine Beziehung zu anderen Menschen aufzubauen. Es wird sich von den Eltern wegorientieren und sich zum Lehrer oder zu Gleichaltrigen immer stärker hingezogen fühlen. Öfter sagen die Kinder „Der Herr . . ., die Frau . . . hat gesagt, dass . . .". Sie suchen Anerkennung nicht mehr nur bei Eltern, sondern auch bei ihren Lehrern und bei Freunden. Ihre Motivation, in der Schule etwas zu leisten, ist in den ersten beiden Schuljahren sehr stark abhängig vom elterlichen Vorbild und der Identifikation mit den Erwartungen der Lehrer. Das Kind möchte die Erwartungen seiner Vorbilder gerne erfüllen. Schafft es das Kind, bekommt es Lob, kleine Geschenke, Anerkennung. Es wird mit ihm lobend gesprochen: „Das hast du toll gemacht", „Aus dir wird noch ein guter Schüler", „Mach weiter so". Das Kind wird positiv gestärkt. Aus dieser positiven Stärkung heraus schöpft es Kraft für weitere Aktivitäten. Es wird Freude daran haben, wieder etwas für die Lehrer, für die Eltern oder Freunde zu tun.

Viele Grundschullehrer und auch Lehrer aus höheren Klassen wissen, dass die Schüler durch Lob stark zu motivieren sind. Die Kinder der Grundschule machen in der Regel ihre Hausaufgaben gerne, weil sie wissen, am nächsten Tag in der Schule bekommen sie einen Smilie oder einen schönen Tierstempel in ihr Hausaufgabenheft für die gemachte Hausaufgabe. Ein Grundschullehrer hat mir erzählt, dass er für nicht gemachte Hausaufgaben einen Strich gibt. Hat ein Kind innerhalb von drei Monaten keinen Strich erhalten, so bekommt es von ihm einen Gutschein für „einmal keine Hausaufgaben machen". Das bedeutet, es kann diesen Gutschein einlösen, wenn es mal keine Zeit oder keine Lust hat, die Hausaufgaben zu erledigen. Es kommt aber nur ganz selten vor, dass diese Gutscheine auch wirklich eingelöst werden. Einige seiner Schüler sammeln diese Gutscheine und merken erst am Ende des Schuljahres, dass sie diese nun gar nicht mehr einlösen können. Hier wird die Motivation zum Lernen durch kleine Geschenke (Gutscheine) unterstützt und verstärkt. Das Kind stärkt sein Selbstwertgefühl, es stellt fest, seine Leistungen, seine Anstrengungen werden belohnt. Es gewinnt an Persönlichkeit.

Im Gegensatz dazu sehen wir ein Kind mit großen Problemen in der Schule. Dieses Kind bräuchte die Anerkennung durch Lehrer, Eltern und Freunde eigentlich genauso dringend, wenn nicht noch dringender. Die Schule ist in den ersten Jahren etwas, das das Leben, die Gedanken des Kindes stark bestimmt. Nun hat das Kind aber das Pech, nicht so viel Lob zu bekommen, statt dessen aber sehr viel Tadel. Es fühlt sich vom Lehrer nicht so angenommen und geliebt wie andere Kinder. Die Klassenkameraden hänseln es: „Du kannst ja nicht mal richtig lesen und schreiben!" Es wird ausgelacht und es wird immer schwieriger, Freundschaften mit anderen Kindern zu schließen. Auch die Distanz zum Lehrer wird immer größer. Die Lust auf Hausaufgaben wird immer kleiner, was wiederum bedeutet, dass es am nächsten Tag wieder einen Tadel bekommt. Macht es daraufhin seine Hausaufgaben, bekommt es vielleicht ironisch zu hören: „Schön, dass du deine Hausaufgaben auch einmal hast!" Das Kind bemerkt natürlich den ironischen Unterton und fasst es schon wieder als Tadel auf. Bei diesem Kind passiert etwas ganz anderes, als bei dem vorher beschriebenen: Es bekommt nur negative und keinerlei positive Bestärkung, obwohl es sie noch nötiger brauchen könnte, als das erst beschriebene Kind. Das einzige, was es spürt, ist sein Unvermögen, die von Eltern und Lehrern erwartete Leistung erbringen zu können. Dies kann zu der Meinung führen, versagt zu haben, ungeliebt und unwert zu sein. Zu Hause erfährt das Kind zwar durch die Eltern positive Verstärkung in verschiedenen Situationen des Freizeitbereiches wie z.B. „Du kannst prima schwimmen!", „Du kannst sehr gut Fahrrad fahren!", aber bezüglich der schulischen Leistungen kann es keinerlei positive Rückmeldung erhalten. Es spürt jedoch, dass dieser Bereich einen zentralen Stellenwert in der Familie einnimmt. Dies kann dazu führen, dass es gerade in diesem Bereich immer mehr resigniert. Die Angst vor Diktaten, vor der Schule, vor dem Nachhausekommen mit einer schlechten Note wächst immer mehr. Das Kind wird sich vielleicht zurückziehen, sich eine eigene Welt aufbauen, in der es nicht auf das Lob anderer angewiesen ist. Eine starke Persönlichkeit wird es aber so nicht aufbauen und es kann sogar zu Verhaltensauffälligkeiten kommen. Das Kind versucht mit allen erdenklichen Mitteln die Aufmerksamkeit des Lehrers zu erhalten. Es ruft in die Klasse, ärgert seine Mitschüler, stört laufend den Unterricht und schimpft zu Hause über seine Lehrer und die Schule. Von seinen eigentlichen Problemen lenkt es damit vollkommen ab: nämlich die Probleme im Lesen und in der Rechtschreibung.

Das Ergebnis dieses Verhaltens ist klar: Das Kind wird abgelehnt, es hat Probleme mit Klassenkameraden und Lehrern. Das Selbstwertgefühl wird geschwächt. So hat das „Blicklabor" der Uni Freiburg festgestellt, dass viele lese-rechtschreibschwache Kinder Aufmerksamkeitsstörungen mit oder ohne Hyperaktivität haben (Internet Uni Freiburg).

Aus dieser ganzen Problematik heraus ist es mir sehr wichtig, betroffenen Eltern immer wieder bewusst zu machen wie schuldlos ihre Kinder an ihrer Rechtsschreibschwäche sind. Ich habe Eltern kennen gelernt, die diese Rechtschreibschwäche akzeptiert haben und somit ihren Kindern auch keine Vorwürfe mehr machen müssen. Im Gegenteil. Sie versuchen, sie immer wieder positiv zu bestärken und ihnen Mut zu machen. Diese Kinder können mit ihrem Problem viel besser umgehen. Schon der Satz „Es sind schon zwei Fehler weniger als das letzte Mal." ist für sie eine positive Bestärkung und eine Anerkennung. Der Versuch, sein Kind positiv zu unterstützen, erscheint mir immens wichtig. Nehmen Sie Ihr Kind so an, wie es ist. Eine schlechte Rechtschreibung, ungenügendes Lesen, Schwächen in Mathematik sind kein Beinbruch. Ihr Kind braucht trotzdem Ihre Zuneigung und Ihre Anerkennung. Helfen Sie ihm, indem Sie mit ihm zusammen überlegen, wie die Situation gemeistert werden kann. Arbeiten Sie weniger mit Tadel, dafür aber mit sehr viel Lob. Natürlich müssen dem Kind Grenzen gesetzt werden, denn nur so lernt es, sich zu behaupten, seine Persönlichkeit zu entwickeln und sein Selbstwertgefühl zu stärken. Unterstützen Sie es auf seinem schwierigen Weg, zeigen Sie ihm, dass Sie zu ihm stehen. Ihr Kind wird es Ihnen danken!

Das Beispiel „Matthias"

Ich möchte Ihnen kurz die Geschichte eines Schülers schildern, der zu Beginn der 7. Klasse zu mir in die Beratung kam.

Matthias (alle Namen geändert) saß vor mir und wir unterhielten uns über seine schulischen Probleme. Er hatte im Endzeugnis der Klasse 6 im Fach Deutsch die Note 3, aber nur auf Grund seiner Aufsatznoten, die relativ gut waren. Bei Diktaten bekomme er immer eine 6. Bei der Schilderung seiner schulischen Leistungen standen ihm die Tränen in den Augen, teilweise weinte er auch und konnte nur stockend weitererzählen. Er wisse nicht mehr, was er machen solle, er würde mit seiner Mutter so viel Diktate üben, aber es würde alles nichts helfen. Daraufhin hatte ich auch ein Gespräch mit seinen Eltern. Sie erzählten mir Folgendes:

„Mit Beginn der Diktatübungen in der Grundschule machten sich bei Matthias Probleme in der Rechtschreibung bemerkbar. Am Anfang versuchte man im Unterricht dies durch gezieltes Üben des Unterrichtsstoffes zu beheben. Die Lehrer sagten uns, jedes Kind habe eine andere Lernbegabung. Vielleicht zogen sie diese Aussage als Ausrede vor, um die nicht so tollen Ergebnisse in den Diktaten unseres Sohnes zu erklären.

Matthias war ein „Frühchen“. Er kam in der 30. Schwangerschaftswoche zur Welt und musste kurz beatmet werden. Vielleicht liegt da der Grundstein zu seinem Problem. Ab der 3. Klasse drängt sich immer mehr der Gedanke auf, dass Matthias eine Rechtschreibschwäche haben könnte. Darüber habe ich mehrmals mit den entsprechenden Deutschlehrern gesprochen. Aber so richtig helfen konnte mir niemand. Ich fühlte mich mit dem ganzen Problem allein gelassen. Ich wollte Matthias gerne helfen, wusste aber nicht wie. Bei einem Arztbesuch (U 14) sprach ich das Thema der Rechtschreibschwäche ebenfalls an. Ich dachte, dass die Ursache dafür vielleicht auch psychisch sein könnte. Matthias war oft sehr unkonzentriert und nervös. Eine befriedigende Antwort bekam ich jedoch auch von dem Arzt nicht. Zu einem früheren Zeitpunkt hatte ich mich mit einem Kinderarzt unterhalten und erhielt folgende Antwort: „Auch unsere Politiker können nicht alle schreiben und was die Textverarbeitung eines PCs anstellt, ist ebenfalls schlimm.“

Geübte Diktate waren im Ergebnis um etwa zwei Noten besser als ungeübte. Dennoch machte er bestimmte Fehler trotz Übens immer wieder, z.B. „er kahm" statt „er kam". Da er in den übrigen Fächern gute Noten hatte, durfte er auf die Realschule, obwohl von Seiten seiner Grundschullehrer Bedenken angemeldet wurden. Das erste Diktat in der Realschule bekam er mit der Note 6 zurück. Wie mir die Lehrerin erzählte, weinte Matthias bei Erhalt des „Schriftstückes". Jetzt endlich fand ich ein offenes Ohr, da so eine Reaktion eines Kindes, zumal von einem Jungen, auch der Lehrerin unbekannt war. Zum Glück gab es etwa seit der 6. Klasse einen Beratungslehrer an der Schule. An einem Elternabend stellte er uns die „Methode des rhythmisch-silbierenden Mitsprechens" – ein gezieltes Rechtschreibtraining – vor. Dies wurde von Matthias nur widerwillig angenommen. Auch ich stellte den Erfolg in Frage.

Zu Beginn der 7. Klasse nahm die Hilfe für Matthias endlich konkrete Formen an. Der Beratungslehrer der Realschule unterhielt sich persönlich mit mir und erläuterte nochmals die Methode des rhythmisch-silbierenden Mitsprechens. Ebenfalls bot er uns an, mit Matthias einige Tests durchzuführen. Das Ergebnis ist nicht schön, aber wir akzeptieren es und ich habe den Eindruck, dass Matthias eine große Last genommen wurde."

Vielleicht haben auch Sie Ähnliches erlebt. Viele haben bestimmt noch schlechtere Erfahrungen mit Lehrern und anderen Fachkräften gemacht. Eltern haben mir immer wieder gesagt, dass sie oft nicht mehr weiterwussten und nirgendwo Hilfe fanden.

Die Tests, die ich mit Matthias durchgeführt habe, waren u. a. zwei Begabungstests und ein Rechtschreibtest. Die Aussage der Mutter „Das Ergebnis ist nicht schön" bezieht sich auf den Rechtschreibtest. In den beiden Begabungstests hatte Matthias durchschnittliche bis teilweise überdurchschnittliche Resultate. Dagegen zeigte der Rechtschreibtest weit unter dem Durchschnitt liegende Ergebnisse. In Prozent ausgedrückt bedeutet dies, dass 80–90 % seiner Altersstufe besser in der Rechtschreibung sind als er. Gemeinsam mit der Klassenlehrerin habe ich es geschafft, seine Legasthenie in der Klassenkonferenz anerkannt zu bekommen, obwohl er schon in der 7. Klasse war und dies nach der 6. Klasse laut Verwaltungsvorschrift des Landes Baden-Württemberg nur noch in Ausnahmefällen möglich ist. Die Eltern von Matthias waren mit einem Vermerk der Legasthenie im Zeugnis einverstanden. Auch Matthias stimmte dem zu. Meine Frage, ob er nicht Angst vor Hänseleien seiner Klassenkameraden hätte, beantwortete er mit Nein. Für ihn sei es wichtig, seine Rechtschreibschwäche anerkannt bekommen zu haben. Er könne jetzt viel gelöster Diktate schreiben. Somit wurde seine Legasthenie offiziell.

Bei unserem letzten Treffen kurz vor den Sommerferien 99 erzählte mir Matthias, dass es ihm viel besser gehe. Er arbeite jetzt anhand der Unterlagen, die er von mir erhielt und baue darin die Methode des rhythmisch-silbierenden Mitsprechens ein. Deshalb glaube er auch, seine Rechtschreibung in der nächsten Zeit verbessern zu können. Nach den Sommerferien rief mich die Mutter von Matthias an und erzählte mir, Matthias hätte in den Sommerferien eineinhalb Bücher gelesen. Das Lesen mache ihm mittlerweile Spaß. Bis vor einem Jahr hätte Matthias sich noch geweigert, Bücher in die Hand zu nehmen. Mittlerweile ist Matthias auch zum stellvertretenden Klassensprecher gewählt worden. Somit hat die Eintragung der Legasthenie ins Zeugnis sich nicht negativ auf seine Stellung innerhalb der Klasse ausgewirkt.

Matthias wird noch hart arbeiten müssen. Er wird im Laufe der Zeit auch immer wieder Rückschläge erleiden. Aber mit konsequentem Arbeiten und Hilfe seiner Eltern wird er sich weiter verbessern können.

Definition von Legasthenie

Der Begriff „Legasthenie" gilt offiziell in der internationalen Klassifikation der Krankheiten (ICD 10) als „umschriebene Entwicklungsstörung der Lese-Rechtschreibfertigkeiten bei normal entwickelter Intelligenz". Der Bundesverband Legasthenie e. V. definiert in Anlehnung an ICD 10 Legasthenie als eine „Bezeichnung für Schwächen beim Erlernen von Lesen, Schreiben und Rechtschreiben, die weder auf eine allgemeine Beeinträchtigung der geistigen Entwicklung noch auf unzulänglichen Unterricht zurückgeführt werden können". Kennzeichnend für Legasthenie ist also ein großer Unterschied zwischen den schwachen Leistungen im Lesen und/oder Rechtschreiben einerseits und den übrigen schulischen Leistungen. Ein legasthenischer Schüler ist nach diesen Definitionen ein Schüler, der trotz durchschnittlicher Intelligenz enorme Probleme im Lesen und/oder Rechtschreiben hat, wobei diese Probleme nicht auf einen unzulänglichen Unterricht zurückzuführen sind.

Diese Definition von Legasthenie geht einigen Autoren, die sich mit Legasthenie beschäftigt haben, nicht weit genug. Sie sind der Meinung, mit dieser Definition werden alle die Schüler ausgegrenzt, die bei unterdurchschnittlicher Intelligenz eine Schwäche im Lesen und /oder Rechtschreiben haben. Ihnen würde somit eine Förderung nicht zustehen. Deshalb definieren sie Legasthenie als eine Lese- und/oder Rechtschreibschwäche unabhängig von der Intelligenz.

Mir scheint die erweiterte Definition sinnvoller, denn es stellt sich sonst die Frage, wieso nur die durchschnittlich und besser begabten Schüler eine Förderung im Lesen und Rechtschreiben erhalten sollen, die unterdurchschnittlich begabten aber nicht. Es wäre schön, wenn sich alle Bundesländer der neueren Definition anschließen würden, um einer Ausgrenzung von unterdurchschnittlich begabten Schülern bei Förderungen entgegentreten zu können.

Außerdem liegen noch keine genauen Erkenntnisse vor, wie stark sich eine ausgeprägte Lese-Rechtschreibschwäche auf die anderen Fächer auswirkt.

Viele rechtschreibschwache Kinder haben gleichzeitig enorme Probleme mit dem Lesen. Ein Kind, das aber nicht lesen kann, muss Schwierigkeiten bei den Aufgabenstellungen in den anderen Fächern bekommen. Wie kann es eine Textaufgabe bearbeiten, wenn es den Inhalt auf Grund ungenügender Leseleistung überhaupt nicht verstehen kann? Wie tief sitzt die Angst eines legasthenischen Schülers vor Rechtschreibfehlern bei Klassenarbeiten auch in andern Fächern?

Konzentriert es sich vielleicht zu stark auf die Rechtschreibleistung und damit weniger auf den Inhalt, um bei der Rückgabe von Klassenarbeiten keine negativen Aussagen des Lehrers zu hören oder zu lesen?

Wenn Legasthenie mittlerweile als Krankheit anerkannt ist, ist es für mich nicht nachvollziehbar, dass diese Krankheit nur bei durchschnittlich und besser begabten Kindern auftreten soll.

Denn für die weniger begabten Schüler bedeutet die herkömmliche Definition von Legasthenie eine Nichtberücksichtigung bei schulischer Förderung.

Ursachen von Legasthenie

Zu Beginn der 70er Jahre wurde Legasthenie von den Kultusministerien noch nicht als Krankheit anerkannt. Man hat sie schlichtweg geleugnet. Mittlerweile hat ein Umdenken stattgefunden.

Wie die Erlasse und Verwaltungsvorschriften zeigen, gehen die Kultusminister jetzt auch von einer Krankheit aus, bei der das Kind speziell gefördert werden muss.

Was sind aber nun die Ursachen der Legasthenie?

Die Forschung hat in den letzten beiden Jahrzehnten verstärkt auf diesem Gebiet gearbeitet, nachdem die Anzahl der Schüler, die sehr große Schwierigkeiten beim Spracherwerb haben, in den letzten Jahren immer mehr zugenommen hat. So spricht der Bundesverband Deutscher Psychologen von weit über 1 Million Kinder mit Lese-Rechtschreibstörungen. Trotz intensiver Untersuchungen sind die Ursachen von Legasthenie noch nicht hundertprozentig erforscht. Das Blicklabor der Universität Freiburg geht von Störungen im Bereich der visuellen und akustischen Wahrnehmungen aus. Diese können Störungen der Blickbewegungen, der schnellen visuellen Informationsaufnahme oder der zentralen Verarbeitung visueller Informationen sein. So würden mehr als 40 % der als lese-rechtschreibschwach eingestuften Kinder Defizite in der Blicksteuerung aufweisen. Die akustische Wahrnehmung kann durch Störungen in der akustischen Unterscheidungsfähigkeit, in der schnellen akustischen Informationsverarbeitung und in der zentralen Verarbeitung akustischer Informationen beeinträchtigt sein. Von daher ist es auf jeden Fall sehr wichtig, Augen und Gehör von Fachärzten überprüfen zu lassen.

Als relativ gesicherte mögliche Ursache für Legasthenie gelten Störungen im Bereich der Sprachwahrnehmung und Sprachverarbeitung. So hat man bei vielen legasthenischen Kindern Störungen beim Erkennen und Unterscheiden der phonematischen Struktur bei Wörtern festgestellt. Hierbei geht es um die Aufteilung der Wörter in einzelne Laute oder Silben. Spricht man lese-rechtschreibschwachen Kindern ein Wort vor, z.B. Nase und fragt nach dem Anfangs-, Mittel- oder Endlaut, so haben viele dieser Kinder sehr große Probleme, diese Laute zu benennen. Sie sind nicht in der Lage, das „N" als Anfangslaut und das „e" als Endlaut zu erkennen. Dieses Phänomen hat man bei lese-rechtschreibschwachen Kindern, die in die Schule gekommen oder auch schon länger in der Schule sind, festgestellt. Natürlich ist dies kein absolut stichhaltiges Erkennungsmerkmal für eine Lese-Rechtschreibschwäche. Es deutet aber darauf hin, dass mit einer größeren

Wahrscheinlichkeit bei einem Kind mit diesen Problemen eine Lese-Rechtschreibschwäche auftreten kann. Von daher sollte bei einem Kind, bei dem schon zu Beginn der Klasse 1 Probleme beim Lesen oder beim Spracherwerb zu erkennen sind, eine Überprüfung bezüglich dieser phonologischen Bewusstheit, so wird diese Zerlegung von Wörtern in einzelne Laute genannt, stattfinden. Sollten sich dabei Probleme zeigen, könnte sofort mit einer gezielten Förderung begonnen werden. Da die Überprüfung auf der verbalen Ebene verläuft, ist es überhaupt nicht wichtig, ob das betroffene Kind schreiben oder lesen kann. Eine Überprüfung könnte auch auf spielerische Art im letzten Kindergartenjahr durchgeführt werden.

Im Anhang habe ich einen Test zur Überprüfung der phonologischen Bewusstheit aufgeführt, so wie ihn meine Frau in starker Anlehnung an Dr. Gero Tacke entwickelt hat.

Auch die Vererbung spielt bei Legasthenie eine gewisse Rolle.

Untersuchungen an Familien von lese-rechtschreibschwachen Kindern haben ein verstärktes Auftreten dieser Schwäche in der Familie gezeigt. In meinen Gesprächen und bei meinen Vorträgen haben mir dies Eltern bestätigen können. Deshalb leiden viele von diesen Eltern verstärkt mit ihren Kindern mit, da sie in ihrer Schulzeit ebenso Ausgrenzung oder negativen Reaktionen seitens einiger Lehrer ausgesetzt waren. Sie können die speziellen Ängste ihrer Kinder vor Diktaten verstehen. Sie bringen stärkeres Verständnis ihrem Kind gegenüber auf und wissen genau, dass verstärktes Üben keinen Erfolg haben wird. Diese Eltern sind auch eher bereit sich um private Förderung zu bemühen.

Öfters wird die mangelnde Konzentration als Ursache von Legasthenie benannt. Betroffene Eltern und Lehrer von lese-rechtschreibschwachen Schülern wissen von dieser Konzentrationsschwäche.

Hierbei ist es aber wie mit dem Huhn und dem Ei. Hat die mangelnde Konzentration zur Lese-Rechtschreibschwäche geführt oder können sie sich nicht konzentrieren, weil sie große Probleme im Lesen und Rechtschreiben haben? Fest steht, dass sich Legasthenie und mangelnde Konzentration gegenseitig verstärken. Nur, was ist Ursache und was ist Folge – diese Fragen lassen sich nicht eindeutig beantworten.

Häufig bekomme ich die Frage gestellt, ob die unterschiedlichen Methoden, mit denen in unseren Schulen das Lesen oder Schreiben erlernt wird, eine große Rolle spielen könnten. Sollte dies der Fall sein, müsste eine Häufung lese-rechtschreibschwacher Kinder bei der einen oder anderen Methode vorhanden sein. Dies ist mir nicht bekannt. Man kann davon ausgehen, dass die Methode zum Lesen- und Schreibenlernen keine Ursache der Legasthenie ist. Trotzdem kann von einem Auswirken des schulischen Unterrichts auf eine Lese-Rechtschreibschwäche ausgegangen werden. So kann die Klassengröße, der Lehrer, das Leistungsniveau oder auch die Atmosphäre in der Klasse den Lese-Rechtschreibprozess eines Schülers behindern. Sollte Ihrer Meinung nach dies ein Grund sein, suchen Sie das Gespräch mit dem Deutschlehrer, dem Klassenlehrer oder gegebenenfalls mit der Schulleitung. Manchmal ist es für Eltern recht einfach, die Schuld beim Lehrer zu suchen. Indem ich die Verantwortung für das schlechte Lesen oder Schreiben meines Kindes auf die Schule übertrage, brauche ich mir selber keine Gedanken mehr darüber zu machen.

Dabei ist der Anteil der Eltern am Lesenlernen eines Kindes recht hoch. Dies bedeutet, auch das familiäre Umfeld hat seinen Anteil an einer Lese-Rechtschreibschwäche. Viele Kinder sitzen täglich stundenlang vor dem Fernseher und/oder dem Computer. Dieser starke Fernsehkonsum beeinträchtigt in starkem Maße auch die Konzentration des Kindes. Wenn ich dann noch von den Kindern oder von Lehrern aus dem Grundschulbereich erfahre, welche Sendungen sich einige Kinder im Fernsehen ansehen und das auch noch nach 24.00 Uhr, ist dies nicht erstaunlich. So scheint der Fernseher im eigenen Zimmer auch schon für Grundschüler fast die Regel zu sein.

Ich weiß von Grundschülern, die nachts Filme im eigenen Fernseher anschauen, wenn ihre Eltern längst schlafen. Sobald ein Kind seinen eigenen Fernseher besitzt, haben die Eltern keinerlei Kontrolle mehr über den Fernsehkonsum des Kindes. Fernsehen führt auch zu einer Verminderung geistiger Bilder. Indem dem Kind die Geschichte vorgespielt wird, braucht es sich die einzelnen Szenen nicht mehr bildlich vorzustellen. Es sitzt stundenlang und konsumiert, ohne nachdenken zu müssen.

Ganz anders beim Lesen. Hier muss das Kind die Geschichte vor dem geistigen Auge ablaufen lassen. Es muss sich konzentrieren, will es den Sinn der Geschichte verstehen. Einigen Kindern ist dies zu anstrengend oder auch zu langweilig, es gibt keine „action". Also doch lieber wieder vor den Fernseher! Einige haben auch die Eltern als Vorbilder genommen. Kaum sind diese zu Hause, wird der Fernseher eingestellt, zum Abschalten, zum Entspannen. Dies ist zum Teil auch verständlich. Die Frage ist jedoch, ob dies jeden Tag so ablaufen muss. Auch bei einem Buch oder beim Lesen kann man sich entspannen, kann die Probleme des Alltags versuchen zu vergessen.

Eltern haben eine Vorbildfunktion. So schreibt G. Tacke, dass bei Grundschülern die Unterschiede in der Leseleistung zu etwa 30–40 % auf das Verhalten der Eltern zurückzuführen sind. Unsere Kinder übernehmen von uns Eltern das, was auch für sie bequem ist. Wenn Eltern ihre Kinder nicht an das Lesen heranführen, wenn sie selber kein Buch in die Hand nehmen, wenn darüber geschimpft wird, wie langweilig Bücher sind, ist es verständlich, wenn Kinder keine Lust auf Lesen haben. Bei meinen Vorträgen weise ich immer darauf hin, wie wichtig das Vorleben der Eltern ist, auch gerade in Bezug auf Lesen und Schreiben.

Symptome von Legasthenie

In den beiden vorangegangenen Kapiteln habe ich darüber geschrieben, was unter Legasthenie verstanden wird und welche möglichen Ursachen Legasthenie haben kann. In dem nun Folgenden möchte ich ein paar Symptome der Legasthenie aufzeigen, so wie sie mir betroffene Eltern in vielen Gesprächen geschildert haben.

In der Regel wurde eine Schwäche im Rechtschreiben von den meisten Eltern Ende Klasse 2 oder Anfang Klasse 3 bemerkt. Wurden geübte Diktate noch in einem erträglichen Rahmen geschrieben, wobei auch die Note 1 dabei sein konnte, zeigte sich das Problem ganz stark bei den ungeübten Diktaten. Die Noten bewegten sich bei betroffenen Schülern zwischen 5 und 6, ganz selten kam eine 4 dazu. Viele Eltern haben das Gespräch mit dem Lehrer gesucht und als Antwort vielmals den Satz: „Sie müssen mit Ihrem Kind mehr üben!" gehört. Aber trotz des erhöhten Übungsaufwandes zu Hause änderten die Noten sich nicht. Dies ist ein typisches Merkmal von lese-rechtschreibschwachen Kindern. Trotz intensiverem Üben tritt keine Besserung auf. Ein weiteres Merkmal sind die Rechtschreibfehler. Eltern berichteten, ihr Kind habe das gleiche Wort innerhalb eines Textes verschiedenartig falsch geschrieben. Es sei überhaupt keine Regelmäßigkeit bei den Fehlern zu erkennen. Andere wiederum erzählten, ihr Kind verwechsele *g* mit *p*, *d* mit *b*, vertausche die Reihenfolge der Buchstaben oder verwechsele gleich lautende Buchstaben wie *d* mit *t*, *g* mit *k*. Außerdem – und dies haben eigentlich fast alle Eltern gesagt – lasse es ganze Wörter aus oder die Verdoppelung von Buchstaben funktioniere nicht oder es werden einfach Buchstaben eingefügt oder weggelassen.

Für viele Lehrer ist dies kein Anzeichen für Legasthenie, machen doch andere Schüler ebenfalls solche Fehler. Dies ist richtig, denn lese-rechtschreibschwache Kinder unterscheiden sich weniger in der Art der Fehler von anderen Schülern, als in der Häufigkeit dieser Fehler. Es gibt keine typische Art von Rechtschreibfehlern, die ausschließlich Legastheniker machen. Sie machen nur erheblich mehr Fehler.

Schulnoten können ebenso ein Hinweis auf Legasthenie sein, wie ein zu geringer Wortschatz.

Ob das eigene Kind ein Legastheniker ist oder nicht ist für Eltern schwer zu entscheiden. Nur weil das eine oder andere Symptom bei Ihrem Kind auftritt, muss es nicht heißen, Ihr Kind ist ein Legastheniker.

Mit dem Aufführen einiger Symptome geht es mir darum, Eltern und auch Lehrer für Legasthenie zu sensibilisieren. Es ist mir wichtig, Symptome zu benennen, die auf eine Lese-Rechtschreibschwäche hinweisen können. Ob Ihr Kind Legasthenie hat, sollte nicht anhand einiger Symptome beurteilt werden. Es sollten unbedingt Lese- und Rechtschreibtests hinzugezogen werden. Ebenso scheint es angebracht, Leistungstests durchzuführen, um herauszufinden, in welchem Verhältnis die Leistung Ihres Kindes zu denen seiner Altersstruktur steht. Die Lese- und Rechtschreibtests können von den Deutschlehrern selbst durchgeführt werden. Sie dauern in der Regel 10–15 Minuten. Die Rechtschreibtests können sogar im Klassenverband gemacht werden. Bei den Lesetests ist dies schwieriger. Sie können Ihr Kind natürlich auch von privaten Institutionen testen lassen, die Ihnen gegebenenfalls einen Bericht darüber schreiben. Dies sollten Sie sich genau überlegen. Die privaten Institute können zwar bei Ihrem Kind eine Legasthenie bescheinigen, ob diese Bescheinigung jedoch von der Schule anerkannt wird, hängt von dem Erlass bzw. der Verwaltungsvorschrift Ihres Bundeslandes ab. So entscheidet nach dem Erlass von Baden-Württemberg die Klassenkonferenz darüber, ob Ihr Kind die Legasthenie anerkannt bekommt und somit Recht auf schulische Förderung hat. Die Schulen in Baden-Württemberg müssen die Berichte der privaten Institute nicht anerkennen. Sie haben dann viel Geld für etwas bezahlt, mit dem Sie, zumindest in der Schule, nichts in der Hand haben.

Natürlich kann die Schule die Berichte der privaten Institute berücksichtigen und als Grundlage für ihre Entscheidung nehmen. Aber sie muss es nicht tun! Deshalb ist es sehr sinnvoll, im Erlass/in der Verwaltungsvorschrift Ihres Bundeslandes nachzuschauen, wie dies bei Ihnen geregelt ist. Besser ist es, sich mit dem für Ihre Schule zuständigen Beratungslehrer bzw. LRS-Lehrer in Verbindung zu setzen, bevor Sie ein privates Institut zur Überprüfung auf Legasthenie aufsuchen. Auch die Schulpsychologischen Beratungsstellen bzw. die Schulpsychologischen Dienste helfen Ihnen hier weiter. Ich möchte die privaten Institute nicht herabsetzen, führe ich doch zusammen mit meiner Frau selbst eine Praxis für Lernhilfe und Beratung. Viele von ihnen haben Tausenden von Schülern durch gezieltes Lerntraining geholfen, ihre Schwäche zu überwinden oder zumindest zu mildern.

Als Eltern von lese-rechtschreibschwachen Kindern muss man sich im Klaren über die Erfolge von Rechtschreibförderung sein. Sie dauert in der Regel sehr lange, die Erfolge stellen sich, wenn überhaupt, erst nach einem längeren Zeitraum ein. Dies kann auch für das Kind sehr enttäuschend sein, geht es doch jetzt zusätzlich noch in eine Förderung und es ändert sich trotzdem nicht viel. Hier sind die Eltern gefordert, ihr Kind in dieser Situation positiv zu stärken. Einige Kinder brechen die Förderung zu früh ab und die Eltern unternehmen nichts dagegen. Dies ist dann sehr schade, denn die schulische und auch häusliche Situation wird dadurch nicht verbessert.

Es ist ein langwieriger Prozess und dies sollten Sie mit Ihrem Kind besprechen und ihm klar und deutlich bewusst machen.

Möglichkeiten der Eltern

In erster Linie ist aber der Deutschlehrer ihr Ansprechpartner falls Sie der Meinung sind, Ihr Kind könnte eine Lese- und/oder Rechtschreibschwäche haben. Scheuen Sie nicht den Weg dort hin und suchen Sie das Gespräch mit dem Lehrer. Sprechen Sie auch mit ihrem Kind über seine Lese- und/oder Rechtschreibprobleme. Erzählen Sie ihm, was der Lehrer gesagt hat. Beobachten Sie es. Es wird Ihrem Kind sehr helfen, wenn es erfährt, die Eltern bemerken seine Schwierigkeiten und nehmen sie ernst. Ihr Kind wird weniger Angst haben, wenn es mit einem schlechten Diktat nach Hause kommt. Es weiß, die Eltern werden nicht schimpfen, es bekommt kein Spielverbot und die häuslichen Übungsdiktate werden nicht noch mehr. Viele Eltern haben mir dies in Gesprächen bestätigt. Sollten Sie bei dem Deutschlehrer Ihres Kindes auf wenig Verständnis stoßen, gehen Sie zum Klassenlehrer oder je nach Bundesland zu dem zuständigen Beratungslehrer bzw. LRS-Lehrer oder sogar zu einem Schulpsychologen. Die jeweilige Adresse erfahren Sie über Ihre Schule. Die Schulpsychologischen Dienste bzw. Beratungsstellen dürften auch im Telefonbuch eingetragen sein. Sie können sich aber auch an die jeweiligen Landesverbände Legasthenie der einzelnen Bundesländer wenden. Diese können Ihnen weiterhelfen oder sagen, ob in Ihrer Nähe eine Elterninitiative vorhanden ist. Die Adressen der einzelnen Landesverbände sind vom Bundesverband zu erfahren, dessen Anschrift am Ende des Buches abgedruckt ist.

Geben Sie nicht sofort auf, wenn der Deutschlehrer das Lese- und/oder Rechtschreibproblem Ihres Kindes als nicht so gravierend betrachtet. Viele Eltern haben erst nach mehrmaligen Anläufen Gehör gefunden.

In der Regel findet eine Förderung und differenzierte Benotung nur statt, wenn im Zeugnis Ihres Kindes unter Bemerkungen die Lese- und/oder Rechtschreibschwäche eingetragen ist. Diese Eintragung sollten Sie sich genau überlegen. Sprechen Sie mit Ihrem Kind das Für und Wider einer solchen Eintragung durch. Es sollte wissen, welche Vor- aber auch Nachteile damit verbunden sein können.

Ein wichtiger positiver Aspekt ist eine psychische Entlastung des Schülers. Indem nun in der Regel eine differenzierte Benotung stattfindet, braucht er sich vor den Diktaten nicht mehr zu fürchten. Die Angst ein schlechtes Diktat zu schreiben verringert sich oder entfällt ganz, ebenso negative Bemerkungen einzelner Lehrer bei der Rückgabe der schlechten Diktate. Eine Eintragung könnte sich ebenso positiv auf die anderen Fächer auswirken. Je nach Bundesland ist es möglich, die Rechtschreibleistung des Schülers nicht so stark oder gar nicht in die Benotung der Klassenarbeiten anderer Fächer einfließen zu lassen. Ist es doch schon häufig vorgekommen, dass eine halbe bis eine ganze Note wegen schlechter Rechtschreibleistung abgezogen wurde. Diese differenzierte Benotung könnte auch die Schulunlust, die bei lese- und/oder rechtschreibschwachen Kindern häufiger auftritt, verringern. Der Schüler kann sich vermehrt auf den Inhalt der Klassenarbeiten konzentrieren und braucht nicht zu befürchten wegen seiner Rechtschreibschwäche eine schlechtere Note zu bekommen. Vielleicht bekommt er dadurch wieder mehr Lust am Fach Deutsch, was sich wiederum positiv auf die Deutschnote auswirken kann.

Aber auch das familiäre Umfeld wird eine starke Entlastung spüren. Viele Eltern, insbesondere die Mütter, fiebern mit ihren Kindern bei jedem Diktat mit. Beim Frühstück wird das Kind beruhigt oder durch Abfragen noch nervöser gemacht. Verlässt das Kind das Haus, bleiben viele Mütter so lange emotional beteiligt, bis sie wissen, das Diktat ist geschrieben. Sie hoffen inständig, es möge doch dieses eine Mal mindestens eine 4 sein. Kommt das Kind nach Hause, wird es sofort mit Diktatfragen bombardiert. Die meisten Kinder können die Note nicht abschätzen, viele sagen, heute ist es gut gelaufen. Die Mutter beruhigt sich. Mit der Rückgabe des Diktates mit der entsprechend schlechten Note ist der Druck durch die Eltern wieder vorhanden. Dem Kind wird vorgeworfen, es konzentriere sich zu wenig. Die Freizeit wird durch zusätzliche häusliche Diktate eingeschränkt.

Dieser starke Druck verringert sich, wenn eine differenzierte Benotung stattfindet.

Als weiterer positiver Punkt ist die Förderung anzusprechen. Nur wenn eine Lese-Rechtschreibschwäche im Zeugnis vermerkt ist, hat Ihr Kind ein Anrecht auf schulische Förderung. Hierbei muss aber berücksichtigt werden, dass diese Förderung klassen-, jahrgangs- oder auch schulübergreifend sein kann. Einen Anspruch auf klassen- oder zumindest jahrgangsübergreifende Förderung besteht nicht. Diese Förderung wird von ausgebildeten LRS- Lehrern durchgeführt und ist für Eltern kostenlos, da sie im schulischen Rahmen stattfindet.

Natürlich können Sie Ihr Kind auch in ein Legastheniezentrum schicken. Diesen Besuch müssen Sie privat bezahlen und es ist teilweise nicht sehr billig. Hinzu kommt eventuell noch ein weiter Anfahrweg, denn nicht in jeder Stadt befindet sich ein Legastheniezentrum.

In Baden-Württemberg geben einige Landratsämter einen Zuschuss, wenn ein Schüler eine private Beratungsstelle aufsucht. Fragen Sie bei Ihrem Landratsamt nach. Auf jeden Fall sollten Sie versuchen die Kosten beim Finanzamt geltend zu machen. Ob die Finanzämter diese Kosten anerkennen ist unklar, einen Versuch ist es jedenfalls wert.

So schön dies alles klingt, sie sollten auch die möglichen Nachteile nicht aus den Augen verlieren. Wird die Lese- und/oder Rechtschreibschwäche im Zeugnis Ihres Kindes vermerkt, könnte dies Hänseleien zur Folge haben. Vielmals haben gerade lese- und/oder rechtschreibschwache Schüler einen schlechten Stand innerhalb der Klasse. Durch eine Eintragung könnte sich dies noch verstärken. Sie sollten auf jeden Fall mit Ihrem Kind diesen Aspekt besprechen. Überlegen Sie mit Ihrem Partner, ob ihr Kind in der Lage ist, dies psychisch zu verkraften.

Sprechen Sie mit dem Deutsch- und Klassenlehrer darüber oder wenden Sie sich an eine Erziehungsberatungsstelle.

Mir wird häufig die Frage gestellt, vor allem wenn es um ältere Schüler geht, ob eine Eintragung im Zeugnis für eine spätere Bewerbung um einen Ausbildungsplatz hinderlich sei. Vereinzelt habe ich von Unternehmen gehört, dies sei kein Kriterium. Dagegen haben einige Firmen, die Kaufleute ausbilden, klar gesagt, solch ein Schüler würde nicht zum Vorstellungsgespräch eingeladen werden. Aber dies sind nur vereinzelte Stimmen. Hierzu kann ich keinen Rat geben, man muss abwarten, wie sich das Legasthenieproblem in der Gesellschaft etabliert, wie gut die Rechtschreibprogramme in den Computern werden. Vielleicht werden diese so gut, dass die Rechtschreibleistung für Unternehmen nicht mehr so wichtig ist. Ich nehme an, hier wird sich in der nächsten Zeit einiges tun.

Die Lese- und/oder Rechtschreibschwäche sollte kein Alibi für Eltern sein, nach dem Motto „mein armes Kind ist Legastheniker" um damit in Selbstmitleid zu zerfließen. Am allerwichtigsten ist der Punkt, den ich weiter oben schon kurz angesprochen habe. Wenn Ihr Kind starke Probleme im Lesen und/oder Rechtschreiben hat, versuchen Sie Ihrem Kind zu helfen. Diese Hilfe kann nicht darin bestehen, die Freizeitaktivitäten durch häufigeres Diktieren von Texten zu beschränken. Sie kann auch nicht in einem noch stärkeren Druck seitens der Eltern bestehen, indem mit dem Kind geschimpft wird. Geben Sie Ihrem Kind das Gefühl, trotz dieser Schwäche von Ihnen anerkannt und geliebt zu werden. Ob Sie nun die Lese- und/oder Rechtschreibschwäche eintragen lassen oder nicht, wichtig ist, Ihrem Kind zu vermitteln, dass es zu jeder Zeit, egal mit welcher Note, zu Ihnen kommen kann. Dies sollte eigentlich für jede Situation gelten.

Loben Sie Ihr Kind, wenn es im Diktat zwei Fehler weniger gemacht hat als im letzten. Bestärken Sie es positiv, versuchen Sie gemeinsam mit Ihrem Kind zusätzliche Hilfs- oder Trainingsmöglichkeiten durchzusprechen. Wenn ihr Kind merkt, seine Schwierigkeiten werden von seinen Eltern anerkannt, fühlt es sich nicht alleine gelassen. Es ist eher bereit, weitere Zeit in Übungen zu stecken. Viele Eltern haben mir dies bei meinen Vorträgen und Seminaren bestätigt. Bei einigen hat sich auch die familiäre Situation bezüglich der Diktatnote entschärft.

Von den vielen Möglichkeiten des zusätzlichen Übens habe ich in den nächsten beiden Kapiteln einige aufgeführt, von denen ich meine, dass sie eventuell eine Verbesserung der Rechtschreibung bringen können.

Das häusliche Üben

Das nun folgende Kapitel wird sich ausschließlich dem häuslichen Üben zuwenden. Ich möchte Ihnen darin Anregungen geben, wie Sie Ihrem Kind oder Ihren Kindern das Lesen und/oder Rechtschreiben näher bringen können. Außerdem werden Trainingsmöglichkeiten zum Lesen und Rechtschreiben aufgeführt, die Sie zu Hause ohne weiteres zusammen mit Ihrem Kind durchführen können. Sie brauchen dazu auch keine pädagogische Ausbildung. Um zu Hause mit seinem Kind gezielt zu üben, bedarf es zwei grundsätzlicher Voraussetzungen:

1. Die Bereitschaft der Mutter oder des Vaters oder einer anderen Vertrauensperson gemeinsam mit dem Kind über einen längeren Zeitraum gezielt zu arbeiten und
2. die Bereitschaft des Kindes gemeinsam mit Mutter oder Vater oder einer anderen Vertrauensperson gezielt zu lernen.

Beides ist ein Muss, die Grundvoraussetzung, soll sich der Erfolg einstellen. Wenn Sie als Elternteil nicht bereit sind, wöchentlich Zeit zu investieren, wird Ihr Kind relativ schnell die Lust am Üben verlieren. Am besten ist es für ein Training und das damit verbundene intensive Üben, eine feste Zeit pro Woche festzulegen. Setzen Sie sich mit Ihrem Kind am Sonntagabend zusammen und legen Sie gemeinsam einen Termin für die kommende Woche fest. Natürlich ist es auch möglich, einen festen Termin für zwei, drei oder mehr Wochen festzulegen. Dies sollten Sie sich aber genau überlegen, da in der heutigen Zeit sowohl bei Ihnen als auch bei Ihrem Kind Termine dazukommen können, die beide nicht so weit vorausplanen können. Ich denke z. B. an Arzttermine, Klassenarbeiten, für die auch noch gelernt werden muss, Kindergeburtstage oder geschäftliche Verpflichtungen. Von daher ist es sinnvoller, den Termin immer nur für eine Woche festzulegen. Wichtig dabei ist: Dieser festgelegte Termin muss auch von Ihnen eingehalten werden. Für uns Eltern ist es oft ganz selbstverständlich, die mit unseren Kindern ausgemachten Termine zu verschieben. Oft werden Kopfschmerzen, Erledigtsein oder Nachrichten im Fernsehen als Ausrede benützt, nur weil man gerade keine Lust hat. Macht das Kind es ebenso, sind wir erstaunt und verärgert, ist doch schließlich das Üben für die Schule wichtiger als das Spielen mit Freunden oder die tägliche „daily soap". So denken wir Erwachsenen.

Ich weiß als Vater von drei schulpflichtigen Kindern, wie schwer es einem manchmal fällt, abends noch Vokabeln abzuhören oder das Gelernte in Biologie abzufragen. Für die Kinder ist es aber sehr wichtig. Verschieben Sie ausgemachte Termine, so kann bei Ihrem Kind der Eindruck entstehen, dieses Training oder dieses gezielte Üben ist gar nicht so wichtig. Es reicht, wenn ab und zu, unregelmäßig daran gearbeitet wird. Diese Einstellung führt sehr schnell zu einer großen Unlust und zwar auf beiden Seiten nach dem Motto „Wir könnten es ja auch morgen Nachmittag machen.". Am nächsten Nachmittag beginnt jedoch die Diskussion wieder von neuem. Deshalb ist es ganz wichtig, den Termin mit dem Kind gemeinsam so festzulegen, dass ihn auch beide Seiten einhalten können. Tragen Sie den Termin in Ihren Terminkalender ein und Ihr Kind merkt, wie wichtig Sie es nehmen. Natürlich kann ein unvorhergesehener Termin kommen, der eine Verschiebung wirklich notwendig macht. In diesem Fall ist es von großer Bedeutung, dies mit Ihrem Kind zu besprechen, damit es Ihre Problematik versteht. Genauso kann natürlich auch bei Ihrem Kind etwas Unvorhergesehenes dazwischenkommen. In einem gemeinsamen Gespräch kann dies geklärt werden. Seien Sie Ihrem Kind ein Vorbild, zeigen Sie ihm, wie wichtig Ihnen das Üben ist. Ist Ihr Kind zum zusätzlichen Üben nicht bereit, hat es überhaupt keine Lust dazu, fehlt die zweite grundlegende Voraussetzung, damit das Üben Früchte tragen kann. Sie werden selbst schon festgestellt haben, wie wenig sinnvoll es ist, ein Kind unter Druck zum Lernen zu bringen. Es blockt, ein Wort gibt das andere, es kommt zu Streit, der oft damit endet, dass sich das Kind zurückzieht. Ob dann aber etwas gelernt wird, wissen Sie nicht. Ganz anders sieht es aus, wenn es freiwillig lernt. Es ist mit Eifer dabei, kommt eventuell um einiges zu fragen oder will abgehört werden. Das Gelernte bleibt haften.

Ich weiß wie schwierig dies ist. Versuchen Sie es trotzdem. Besprechen Sie mit Ihrem Kind die Situation, versuchen Sie es von der Notwendigkeit des zusätzlichen Übens zu überzeugen, aber nicht mit Druck. Mit Verboten, Hausarrest oder dergleichen werden Sie genau das Gegenteil erreichen. Ihr Kind wird überhaupt keine Lust mehr zum Üben verspüren und blockt total ab. Überlegen Sie sich – vielleicht gemeinsam mit Ihrem Kind – einen Anreiz, der Ihrer Tochter/Ihrem Sohn es ermöglicht, sich auf die zusätzliche Übungsstunde einzulassen. Viele Eltern argumentieren über eine Verbesserung von Noten. Sie sind dann sehr enttäuscht, wenn das Kind nicht so reagiert, wie sie es sich erhofft haben. Die meisten Grundschulkinder, aber auch Jugendliche können diesen Rückschluss auf die Noten nicht nachvollziehen. Erst recht nicht, wenn nicht sofort eine Verbesserung eintritt.

Sinnvoller ist es mit Belohnungen und viel Lob zu arbeiten. Loben Sie Ihr Kind, wenn es etwas nicht Alltägliches getan hat, zeigen Sie ihm Ihre Anerkennung. Leider wird in unserer heutigen Zeit viel zu wenig gelobt. Dabei leben auch wir Erwachsenen vom Lob, brauchen es als Bestätigung. Lob baut uns auf, gibt uns Mut zum Weitermachen. Bei den Kindern ist es genauso. Sie strahlen, wenn sie für etwas gelobt werden und sind viel motivierter. Ein positiver Anreiz können auch Belohnungspunkte, Smilie-Stempel, Tierstempel, Gutscheine oder dergleichen sein. Für jede erfolgreich durchgeführte Übungs- bzw. Trainingsstunde bekommt Ihr Kind einen Stempel, Belohnungspunkt oder Gutschein. Legen Sie dazu gemeinsam mit Ihrem Kind ein Blatt an, auf dem jede durchgeführte Stunde mit Datum aufgeschrieben wird. Vielleicht hat es auch Lust, dieses Blatt alleine zu gestalten. So ist es denkbar, dies in Form einer Leiter zu machen, wobei jede Sprosse für einen Übungstag steht. War die Stunde erfolgreich, gibt es einen Stempel, Gutschein oder einen Belohnungspunkt, bei schlechter Mitarbeit einen traurigen Smilie-Stempel oder gar nichts. Die Entscheidung, ob die Mitarbeit gut war oder nicht, entscheiden Sie alleine. Diesen Sachverhalt sollten Sie Ihrem Kind im Vorfeld bewusst machen. Natürlich können auch Kompromisse geschlossen werden, die aber die Ausnahme bleiben sollten. Es hat wenig Sinn, nach jeder nicht so guten Stunde endlose Diskussionen zu führen, die doch meistens im Streit enden. Ihr Kind muss wissen, für einen Belohnungspunkt muss ich etwas leisten. Notfalls müssen Sie damit leben, dass Ihr Kind sauer auf Sie ist und beleidigt davonläuft.

Bevor Sie mit dem eigentlichen Üben bzw. dem Training beginnen, sollten Sie gemeinsam mit Ihrem Kind überlegen, welche „Belohnung" es für welche Anzahl von Punkten bekommt. So könnte für zwei Punkte ein Eis herausspringen, für weitere drei Punkte ein gemeinsamer Kinobesuch mit den Eltern. Gemeinsame sonntägliche Schwimmbadbesuche, im Winter im Hallenbad, abends mit den Eltern oder der ganzen Familie vor dem Zubettgehen noch ein Spiel machen, ein Eis in der Eisdiele essen, den Tierpark besuchen, etwas zusammen basteln, vorlesen vor dem Schlafengehen . . . Ihnen wird bestimmt noch mehr einfallen, was als Belohnung möglich wäre. Es sollten auf jeden Fall Aktivitäten sein, die Sie mit Ihrem Kind gemeinsam unternehmen. Dies fördert auch das Zusammenleben in der Familie. Reine Geldgeschenke halte ich in diesem Fall für äußerst unangebracht. Hier steht das Geld als Belohnung zu stark im Vordergrund, das Familiäre tritt zurück. Es ist sehr schade, wenn auch schon bei Kindern alles mit Geld abgegolten wird. Kinder brauchen viel nötiger die Geborgenheit in der Familie, sie wollen gemeinsame Aktivitäten unternehmen. Aber wir Erwachsenen finden leider viel zu häufig Ausreden um solche Dinge nicht unternehmen zu müssen und die Kinder erkennen diese auch als Ausreden. Lassen Sie sich auf so eine Art von Belohnung ein, werden Sie feststellen, wie erholsam gemeinsame familiäre Unternehmungen sein können. Mir selbst ist es schon ab und zu so gegangen, obwohl ich im Vorfeld gar keine Lust hatte und eigentlich meine Ruhe haben wollte. Hinterher war ich immer sehr froh über die gemeinsamen Unternehmungen.

Sie können mit Ihrem Kind gemeinsam einen Vertrag aufsetzen, in dem Sie genau festlegen, wie viel Punkte für welche Aktivität benötigt werden. Diesen Vertrag bestätigen beide Parteien mit Datum und Unterschrift. Damit wird er für beide verbindlich.

Manche Eltern sind der Meinung, der Anreiz zum Lernen wird erhöht, wenn sie hochwertige Aktivitäten oder teure Geschenke anbieten. Dafür muss das Kind aber sehr viele Gutscheine, Punkte oder Stempel sammeln. Bis nun das Kind diese Belohnung endlich erhält, vergehen vielleicht 10 Wochen. Dieser Zeitraum ist für das Kind in der Regel nicht überschaubar. Nach einem Monat stellt es fest, es muss noch 1,5 Monate zusätzlich lernen, um die angestrebte Belohnung endlich zu bekommen. Viele Kinder verlieren dabei die Lust und die Energie. Kleine Zeiträume sind überschaubar und die Belohnung lässt nicht so lange auf sich warten.

Es muss noch ein weiterer Punkt angesprochen werden, der bei der „häuslichen Schule" eine ganz wichtige Rolle spielt: Das Verhältnis zwischen Mutter/Vater und dem Kind beim Lernen. Oft haben Eltern zu Ihren Kindern ein sehr gutes Verhältnis, beim Lernen geht dies aber innerhalb kürzester Zeit in die Brüche. Schon nach fünf Minuten, teilweise noch schneller, wird das Üben abgebrochen, beide Parteien sind emotional zu stark belastet. Die Eltern verstehen es nicht, wollen sie doch nur das Beste, das Kind ist ebenfalls frustriert, da es keine Verständnis bei seinen Eltern findet. Teilweise machen diese Situationen ein gemeinsames Lernen oder Üben unmöglich. In diesem Fall sollte überlegt werden, ob nicht eine andere Person, zu der das Kind Vertrauen hat oder aufbauen kann, das Üben übernimmt. Manchmal ist es auch sehr sinnvoll, wenn diese Übungsstunden außerhalb der gewohnten Umgebung stattfinden.

Nicht zu unterschätzen ist auch der zeitliche Aufwand für die Übungen. So besteht ein Training in der Regel aus mehreren Trainingseinheiten, wobei es teilweise zwei bis drei Wochen dauern kann, bis Ihre Tochter/Ihr Sohn diesen einen Schritt beherrscht. Erst dann sollten Sie zu der nächsten Einheit übergehen, damit die Voraussetzungen für die neue Übung geschaffen sind. Stellen Sie sich auf mindestens sechs bis zwölf Monate ein, bis das Training sichtbare Früchte trägt. Sie benötigen einen langen Atem, um sich und Ihr Kind immer wieder neu zu motivieren. Sie wollen Ihrem Kind helfen, es unterstützen. Dies sollte für Sie eine starke Motivation sein, den zeitlichen Aufwand zu schaffen. Verschweigen Sie Ihrem Kind diesen zeitlichen Aufwand nicht. Sagen Sie ihm deutlich, dass es mit zwei- oder dreimal Üben nicht getan ist. Machen Sie ihm Hoffnung auf besseres Lesen und/oder Schreiben nach diesem zeitaufwendigen Üben.

Trotz aller Hoffnungen sollten Sie sich selber bewusst machen, diese von mir vorgeschlagenen Trainingseinheiten sind keine Garantie für Erfolge. Diese kann es nicht geben, wenn mit Menschen gearbeitet wird. Ich möchte Ihnen aber Mut machen, die Übungen trotzdem durchzuführen. Es sind Übungen, die erfahrungsgemäß sehr Erfolg versprechend sind.

Leseförderung ist wichtig

Während ein paar wenige Kinder mit Eintritt in die Schule schon lesen können, andere es relativ schnell und problemlos erfassen, gibt es immer wieder Schüler, die enorme Schwierigkeiten haben, das Lesen zu erlernen. Da eigentlich jeder Schüler in der Klasse vom Lehrer zum Vorlesen aufgerufen wird, müssen die leseschwachen Schüler versuchen, eine Strategie zu entwickeln, um nicht aufzufallen. Viele von ihnen versuchen die Texte auswendig zu lernen, um sie bei Bedarf aus dem Gedächtnis heraus „vorzulesen". Dies ist irgendwann nicht mehr möglich, da die Texte einen zu großen Umfang eingenommen haben. Spätestens jetzt wird die Leseschwäche sichtbar. Die Kinder ziehen sich zurück, bekommen Angst vor dem Lesen. Der Lehrer bemerkt dies und wird versuchen diese Schüler weniger oder gar nicht mehr zum Lesen aufzurufen. Er will sie nicht blamieren, will sie schützen. Die Diskrepanz zwischen guten und schlechten Lesern wird schnell größer. Der Lehrer sucht das Gespräch mit den Eltern und wird ihnen dringend raten, mit dem Kind das Lesen mehr zu üben. Jetzt kommt der Druck von zu Hause dazu. Die Eltern versuchen mit den unterschiedlichsten Mitteln, ihre Kinder zum Lesen zu bringen. Aber der Erfolg bleibt aus. Im Gegenteil, das Kind weigert sich noch mehr, es kommt zum Streit, Tränen fließen und die Eltern stehen der Situation meist hilflos gegenüber. Was können Sie nun als Eltern unternehmen, um Ihr Kind an das Lesen heranzuführen, um einen Nährboden dafür zu schaffen?

Wenig sinnvoll ist es, schon zu Kindergartenzeiten zu versuchen, Ihrem Kind unbedingt das Lesen beizubringen. Dies ist in der Regel zu früh. Sollte Ihr Kind von sich aus Lust verspüren, sich mit dem Lesen zu beschäftigen, unterstützen Sie es. In diesem Fall gehen Sie auf Wünsche ein, ohne die treibende Kraft zu sein. Machen Sie nur so viel, wie Ihr Kind will, drängeln Sie nicht, aber bremsen Sie auch nicht. Sollte Ihr

Kind noch kein großes Interesse am Lesen haben, ist dies kein Beinbruch.

Einige Eltern sind der Meinung, ihr Kind müsse Lesen und Schreiben können, bevor es in die Schule kommt. Ansonsten wäre es im Nachteil gegenüber den Klassenkameraden, „die ja schon fast *alle* lesen können". Mit dieser Einstellung bauen sich diese Eltern einen enormen Leistungsdruck auf, der auf das Kind übertragen wird.

„Was soll nur aus meinem Kind einmal werden, wenn es schon in der 1. Klasse hinterherhinkt? Das holt es ja niemals mehr auf!" Dies sind Aussagen von Eltern, die ich schon gehört habe. Ich versuche die Eltern zu beruhigen und frage sie, ob *sie* lesen und schreiben konnten, bevor *sie* in die Schule kamen. Dies nimmt etwas von dem Druck der Eltern, da sie ja trotzdem „etwas geworden" sind. Ich habe mit verschiedenen Grundschullehrern über diese Problematik gesprochen. Alle haben mir übereinstimmend bestätigt, es sei für die Kinder überhaupt kein Nachteil, bei Schuleintritt weder schreiben noch lesen zu können.

Die vier Grundfertigkeiten zum Lesenlernen

Gero Tacke, Schulpsychologe, spricht von vier Grundfertigkeiten, die Kinder für das Lesenlernen benötigen.

Grundfertigkeit 1: phonologische Bewusstheit
Eine Grundfertigkeit ist die phonologische Bewusstheit.

Darunter versteht man das Zerlegen von Wörtern in einzelne Laute. So hat z. B. das Wort „*Tor*" die Laute *t*, *o* und *r*. Haben Kinder die phonologische Bewusstheit nicht, sind sie nicht in der Lage, dieses Wort in seine Einzellaute zu zerlegen. Dies ist aber für das Lesenlernen von entscheidender Wichtigkeit.

Anhand des im Anhang angeführten Tests können Sie grob

herausfinden, ob und wo Ihr Kind Probleme mit der phonologischen Bewusstheit hat.

Grundfertigkeit 2: Zuordnung von Laut zum Buchstaben
Die zweite Grundvoraussetzung zum Lesenlernen ist die Zuordnung von Laut und Buchstabe. Dem Laut *a* werden die Buchstaben *a, A*, und dem Laut *b* die Buchstaben *b, B*, usw. zugeordnet.

Grundfertigkeit 3: Zusammenschleifen der Buchstaben
Einige Kinder können die Buchstaben nicht zusammenhängend lesen, sie benennen die Buchstaben einzeln. Sie lesen nicht „Baum" sondern „B a u m". Um aber den Sinn eines Wortes verstehen zu können, muss das Zusammenschleifen der Buchstaben beherrscht werden.

Grundfertigkeit 4: Zerlegen in Silben
Es hat sich gezeigt, dass legasthene Kinder besser lesen, wenn sie die Wörter in Silben zerlegen. Dadurch werden vor allem mehrsilbige Wörter für diese Kinder überschaubarer.

Wenn Sie sich beim Lesen genau beobachten, so werden Sie feststellen, auch Sie gliedern beim Lesen teilweise lange Wörter in Silben auf, um die Wörter übersichtlicher zu machen.

Nehmen wir das Wort *„Dampflokomotivführerin"*. Wollen wir dieses Wort lesen, werden es die meisten von uns gedanklich in Silben oder in einzelne Wörter zerlegen. Natürlich läuft dies bei uns sehr schnell und unbewusst ab. Anders bei legasthenischen Kindern. Sie müssen in der Regel erst einmal lernen, die Wörter in Silben zu zerlegen. Dies können Sie anhand des nun folgenden Trainings einüben.

Trainingsmöglichkeiten für die vier
Grundfertigkeiten des Lesens

Um dies unten aufgeführte Lernprogramm zum Lesen durchzuführen, sollten Sie sich vor jeder Übungsstunde genau überlegen, welche Wörter Sie verwenden wollen. Schreiben Sie sich diese Wörter auf. Sie werden ansonsten schnell feststellen, wie schwer es ist, im entscheidenden Moment die passenden Wörter parat zu haben. Machen Sie die einzelnen Übungen nicht zu lang. Ca. 20 Minuten sollten pro Übungseinheit ausreichend sein. Damit wird es für Ihr Kind überschaubarer, es stellt fest, wie schnell die Zeit vergeht. Überschreiten Sie diese Zeit nicht, damit Ihr Kind merkt, es sind wirklich nur 20 Minuten. Manchmal hat man die Idee zu überziehen, weil es jetzt gerade besonders gut läuft. Dies könnte bei Ihrem Kind den Gedanken aufkommen lassen, es das nächste Mal nicht ganz so gut zu machen, damit die 20 Minuten nicht schon wieder überschritten werden.

Beginnen sollten Sie mit dem Einüben der phonologischen Bewusstheit. Dabei können Sie folgendermaßen vorgehen: Lassen Sie von Ihrem Kind Gegenstände bringen, die es mag. Sagen Sie den Namen des Gegenstandes vor, Ihr Kind soll anschließend den Anfangslaut nennen. Sie können auch auf Gegenstände zeigen, Ihr Kind soll den Namen des Gegenstandes nennen und anschließend den Anfangslaut. Die Wörter können auch Gegenstände aus der Natur, Tiernamen und auch Namen von Freunden sein. Nehmen Sie das, wozu Ihr Kind den besten Bezug hat. Nach dem Anfangslaut sollten Sie mit Ihrem Kind die Benennung des Endlautes auf dieselbe Weise wie oben beschrieben einüben. Erst danach die mittleren Laute.

Für uns, die Wörter in Einzellaute zerlegen können, ist es kaum vorstellbar, warum ein Kind den Anfangsbuchstaben *B* oder den Endbuchstaben *m* von dem Wort *Baum* nicht als *b*- oder *m*-Laut erkennt. Vielen Eltern wird es schwer fallen, dies so zu akzeptieren. In diesem Fall ist es wichtig, dem Kind Zeit zum Überlegen, zum Probieren zu geben. Sagt Ihr Kind den falschen Buchstaben, versuchen Sie ihm den Buchstaben verständlich zu machen. Die Buchstaben sollten nicht als *be, de, ef, ge* oder *ha* gesprochen werden, sondern als Laut – *b, d, f, g , h.* Es sollte mit ganz einfachen Wörtern, bestehend aus drei Buchstaben (z. B. *Tor, und, alt, Rad* usw.) begonnen werden, bevor die Lieblingsgegenstände geholt werden.

Die zweite Grundfertigkeit, den Lauten Buchstaben zuzuordnen, können Sie anhand eines Bilderalphabets einüben. Diese Bilderalphabete gibt es auch fertig zu kaufen. Schöner und für das Verständnis Ihres Kindes besser ist es, solch ein Bilderalphabet selber herzustellen. Dazu suchen Sie gemeinsam mit Ihrem Kind zu jedem Buchstaben des Alphabets einen Gegenstand, den Ihr Kind malen kann. Es können z. B. auch Tiere sein. Nehmen Sie ein ziemlich großes Blatt, auf das zu dem gemalten Bild die zwei passenden Buchstaben – *a, A, b, B* usw. – geschrieben werden. Sie können aber auch für jeden Buchstaben ein eigenes Blatt in der Größe DIN A 5 verwenden. Sollte Ihr Kind ein eigenes Zimmer haben, kann es diese einzelne Blätter oder das eine große Blatt dort aufhängen. Aber auch im Flur ist ein Aufhängen gut möglich. So sieht Ihr Kind diese Buchstaben-Laut-Zuordnung immer wieder, spricht sie dadurch häufiger und prägt sie sich dadurch schneller ein.

Die dritte Grundfertigkeit, das Zusammenschleifen der Buchstaben, können Sie wiederum an Gegenständen einüben, die Ihr Kind mag, am Anfang nur mit einsilbigen Wörtern.

Sagen Sie die ersten beiden Buchstaben getrennt, z. B. *B a* von *Ball.* Ihr Kind sagt diese beiden Buchstaben erst einzeln – also *B a,* anschließend zusammenhängend – *Ba.*

Wenn dies funktioniert, können Sie zweisilbige Wörter nehmen, z. B. *Nase.* Zuerst werden die beiden Anfangsbuchstaben einzeln gesprochen – *N a* –, dann zusammenhängend –

Na. Mit der zweiten Silbe wird genauso verfahren. Als letztes wird das ganze Wort in diesen Silben gesprochen – *Na se*. Klappt dieses Zusammenschleifen der Buchstaben sprachlich, wird es über das Schreiben wiederholt. Sie schreiben die Silben *Na* und *se* auf und Ihr Kind liest es.

Damit ist der Einstieg in das Trainieren der vierten Grundfertigkeit erreicht.

Sagen Sie ein zweisilbiges Wort, z. B. *Blume*, als ganzes Wort vor. Anschließend sprechen Sie die erste Silbe – *Blu* – und Ihr Kind die zweite Silbe – *me*. Dieses Silbensprechen kann durch Klatschen, Stampfen oder Sonstiges unterstützt werden. Nach diesem Einüben des Silbensprechens geht es nun um die Zerlegung von Wörtern in Silben durch Ihr Kind. Dazu sagen Sie ein Wort als ganzes Wort vor – *Lampe* – und Ihr Kind zerlegt es in Silben – *Lam pe*. Wenn dies verinnerlicht ist, schreiben Sie Wörter auf, die Ihr Kind in Silben lesen soll. Dies lässt sich recht gut spielerisch erreichen, z. B. anhand eines Silbendominos. Schneiden Sie dazu Papierstreifen aus, auf die Sie jeweils zwei Silben schreiben. Ihr Kind muss nun die Streifen so aneinander legen, dass immer ein vollständiges zweisilbiges Wort entsteht.

Da Kinder sehr gerne Memory spielen, wäre es auch eine Möglichkeit, ein Silbenmemory herzustellen.

Sehr interessant und auch etwas kniffelig ist es, das Silbensprechen anhand von gleich großen Quadraten einzuüben. An jede Quadratseite wird eine Silbe geschrieben. Die Aufgabe besteht nun darin, die Quadrate so aneinander zu legen, dass jeweils ein Wort entsteht.

Man kann den Schwierigkeitsgrad erhöhen, wenn man mehrere gleiche Silben nimmt, die aber zu verschiedenen Wörtern gehören. Wichtig ist, auch die falschen Wörter vorlesen zu lassen. Ihr Kind soll Ihnen den Sinn des Wortes erklären. Somit merkt es selber, dass dies kein sinnvolles Wort ist. Schon das Vorbereiten dieses Spieles dürfte für Sie als Eltern recht interessant und nicht unkompliziert sein. Erst wenn dieses Lesen in Silben beherrscht wird, sollten Sie zum normalen Lesen übergehen. Suchen Sie sich dazu mit Ihrem Kind gemeinsam einen leichten Text oder einfache und groß geschriebene Bücher aus.

G. Tacke hat das oben Beschriebene als Leselernprogramm veröffentlicht. In seinen Heften „Flüssig lesen lernen" (siehe Literaturliste) stellt er für Eltern und Lehrer ein Lernprogramm für diese vier Grundvoraussetzungen mit sehr vielen Übungen und Wörtern zusammen. Anhand dieses Heftes lassen sich die Grundvoraussetzungen sehr gut erlernen, ohne eigene Beispiele oder Wörter suchen zu müssen. Sie können aber auch die Übungen von Tacke mit eigenen Wörtern bestücken.

Mit dem Training dieser vier Grundvoraussetzungen haben Sie nun den Nährboden für das Lesen geschaffen. Sie müssen jetzt noch versuchen, Ihr Kind an Bücher heranzuführen.

Das Bücherlesen

Es gibt Eltern, die lesen sehr viel, andere lesen kaum oder überhaupt nicht. Sollten Sie zu der zweiten Kategorie zählen, wird es schwer werden, Ihr Kind zum Bücherlesen zu bringen. In diesem Fall wären Sie für Ihr Kind ein negatives Vorbild. Auch Ihr Kind wird kaum Lust verspüren, ein Buch in die Hand zu nehmen. Ich weiß nicht, ob Sie schon einmal erfahren haben, wie erholsam und entspannend es sein kann ein Buch zu lesen. Gehen Sie doch einmal in eine Bücherei und leihen Sie sich ein Buch aus, von dem Sie meinen, dies könnte Sie interessieren. Anstatt vor den Fernseher setzen Sie sich an diesem Abend mit dem Buch auf die Couch und versuchen in die Welt des Buches einzutauchen.

Man kann sein Kind schon ziemlich früh an Bücher heranführen. Es gibt bereits für 2–3 -jährige Kinder Bilderbücher, die man als Eltern mit ihnen gemeinsam ansehen kann. Das Kind kann erzählen, was es alles sieht. Abends vor dem Schlafengehen besteht die Möglichkeit seinem Kind eine Gute-Nacht-Geschichte vorzulesen. Kinder lieben dies sehr. Leider haben wir Eltern oft nicht mehr die Nerven dazu. Nach einem anstrengenden Arbeitstag hofft man abends oft nur noch, dass die Kinder endlich im Bett sind, weil man total erledigt ist. Die Lust, nun auch noch etwas vorzulesen, ist äußerst gering. Leider ist die Folge dieser Hektik am Abend häufig ein schlechtes Einschlafen des Kindes. Es muss noch einmal etwas trinken, auf die Toilette gehen, etwas ganz Wichtiges mitteilen . . . Sie werden genügend Beispiele selbst aufzählen können. Nimmt man sich aber fünf bis zehn Minuten Zeit und liest seinem Kind eine kleine Geschichte vor, zeigt sich schnell, wie gut das Einschlafen funktionieren kann.

Außer dem Vorlesen kann man auch gemeinsam singen. Viele, vor allem wohl die Väter, werden sich vor dem Singen drücken mit den Worten: „Ich kann nicht singen, dann schläft es erst recht nicht ein." Dies kann ich aus persönlicher Erfahrung nicht bestätigen. Meine Bekannten sind in der Regel froh, wenn ich z. B. bei Festen nicht mitsinge, irgendwie habe ich des Öfteren den falschen Ton. Meinen Kindern dagegen war dies vollkommen egal, Hauptsache ich habe mit ihnen gesungen. Oder man erzählt über die Ereignisse des Tages.

Das Vorlesen kann bei dem Kind eine positive Beziehung zu Büchern hervorrufen. Es fühlt, wie es sich dabei entspannt.

Später, wenn es selber schon ein wenig lesen kann, besteht die Möglichkeit, abwechselnd vorzulesen. Erst lesen Sie vor und das Kind hört zu, dann liest das Kind vor und Mutter oder Vater hören zu. Das hört sich gut an, aber gerade dies klappt bei vielen nicht. Kinder hören den Vorlesenden zu, aber weigern sich, selbst vorzulesen. In diesem Fall ist zu überlegen, ob nicht mit dem Lesetraining für die vier Grundvoraussetzungen des Lesens begonnen wird. So sollte überlegt werden, welche der vier Grundvoraussetzungen eventuell fehlen. Mit dem Test im Anhang kann die phonologische Bewusstheit und anhand einiger Beispiele die Zuordnung Laut – Buchstabe überprüft werden. Ist dies in Ordnung, können Sie das Zusammenschleifen der Buchstaben testen oder das Lesen in Silben trainieren. Trotzdem sollten Sie weiterhin ab und zu Ihrem Kind vorlesen und es dazu ermutigen ebenfalls das Lesen zu versuchen. Aber bitte nicht drängeln, keinen Druck ausüben. Ihr Kind muss den Zugang zum Lesen finden, weil es das selbst will und nicht weil Sie es wollen. Lassen Sie Ihr Kind, wenn nötig, auch nur einen Satz lesen. Geben Sie ihm Zeit zu lesen und verbessern Sie nicht sofort, denn dies kann nämlich sehr enttäuschend für Ihr Kind sein. Weisen Sie auf das Silbenlesen hin, notfalls lesen Sie die Wörter in Silben vor und Ihr Kind wiederholt sie.

Oft können Kinder lesen, wenn auch nur sehr stockend. Sie haben aber einfach keine Lust, ein Buch in die Hand zu nehmen, vielleicht, weil es in der Familie nicht üblich ist. Auf diese Situation bin ich schon zu Beginn des Kapitels eingegangen. Ich höre immer wieder auch von Eltern, die selbst gerne und viel lesen, ihr Kind hätte überhaupt keinen Spaß daran. Hier wäre nachzuprüfen, inwiefern das Fernsehen im Leben dieser Kinder eine eventuell zu große Rolle einnimmt. Zu viel davon hindert Kinder daran, ein Buch in die Hand zu nehmen. Es gibt auch Kinder, die wenig oder kaum fernsehen, aber auch nicht lesen. Eltern sind dann der Meinung, Ihr Kind sei einfach zu „faul" zum Lesen. Dies bestreite ich jedes Mal, denn ich bin der Überzeugung, wenn Kinder lesen können, macht es ihnen auch Spaß. In diesem Fall ist ebenfalls zu überlegen, ob eventuell eine der vier Grundvoraussetzungen fehlen oder ob das Kind den Zugang zum Buch für sich noch nicht gefunden hat. Auch hier gilt: Mit Druck erreichen Sie nichts.

Eine Möglichkeit ist, mit Ihrem Kind in eine Bücherei zu gehen. Überlegen Sie vorher gemeinsam mit Ihrem Sohn/Ihrer Tochter, welches Thema für sie oder ihn interessant wäre. In der Bücherei sollte Ihr Kind sich das Buch selber aussuchen können. Nur zu oft sind wir Eltern der Meinung, wir müssten mit aussuchen, da wir bei Büchern einfach mehr Erfahrung haben. Dies führt häufiger dazu, dass wir letztendlich das Buch aussuchen und nicht das Kind. Dieses ist in der Regel sehr unsicher und wird es kaum wagen, den Eltern zu widersprechen. Also bekommt es ein Buch, welches den Eltern gefällt („in dem anderen Buch sind doch viel zu viel Bilder drin"), aber es selbst ist nicht sehr glücklich über die Wahl.

Deshalb wird es vielleicht nicht allzu große Lust haben, dieses Buch auch in die Hand zu nehmen. Anders könnte es aussehen, wenn es das Buch ganz alleine aussucht und von den Eltern positive Signale bekommt. „Toll, dies ist bestimmt ein sehr interessantes Buch" oder „Dies würde ich auch gerne mal lesen" sind Aussagen, die einem Kind ein Buch schmackhaft machen können. Im Gegensatz dazu können Aussagen wie „Ich hoffe, du liest es auch" oder „Was hast du dir denn da für ein Buch ausgesucht? Dies ist doch eher was für Kleine" oder „Wenn du dieses Buch auch nicht liest, bin ich das letzte Mal mit dir in der Bücherei gewesen" eher das Gegenteil bewirken.

Denken Sie daran: Sie wollen Ihr Kind zum Lesen motivieren und nicht abschrecken!

Sinnvoll ist es auch, in eine Buchhandlung zu gehen. Viele Buchhändler kennen die Problematik der Leseunlust bei Kindern und Jugendlichen und geben sich in der Regel viel Mühe beim Aussuchen. Sie kennen auch Bücher, die speziell für leseschwache Kinder geschrieben sind. Scheuen Sie sich nicht, Ihrem Kind ein Buch zu kaufen, das nicht mehr seinem Alter entspricht. Ihr Kind braucht vielleicht noch größere Buchstaben oder ein nicht so dickes Buch. Auch hier gilt: Ihr Kind muss das Buch „überschauen" können. Wenn es Probleme beim Lesen hat und dann noch ein Buch mit 100 und mehr Seiten vor sich liegen hat, kann es sehr schnell die Lust verlieren.

Sollten alle diese Vorschläge nichts nützen, ist es eventuell der falsche Zeitpunkt, um das Kind an Bücher heranzuführen. Verschieben Sie es und versuchen es später noch einmal. Vielleicht klappt es dann besser.

Unabhängig davon sollten Sie Ihr Kind auf jeden Fall auf die vier Grundvoraussetzungen hin testen und diese gegebenenfalls antrainieren. Ohne diese Grundvoraussetzungen wird Ihr Kind weiterhin große Probleme mit dem Lesen haben. Auch wenn es anderslautende Aussagen gibt, bin ich der Meinung, bewusstes und flüssiges Lesen kommt der Rechtschreibung zugute.

Rechtschreibförderung mit Augenmaß

Viele Eltern fragen mich immer wieder, wie sie zu Hause mit ihren Kindern die Rechtschreibung üben können. Sie würden auf Anraten des Deutschlehrers fast jeden Tag Texte diktieren, eine Verbesserung der Rechtschreibleistung wäre aber nicht festzustellen. Sie wären bereits sehr verzweifelt, weil ihr Kind mittlerweile überhaupt keine Lust mehr zum Schreiben hätte. Sie müssten immer stärkeren Druck ausüben, Verbote aussprechen, um ihr Kind zum Schreiben zu bringen oder sogar zu zwingen. Im weiteren Gespräch stellt sich dann oft heraus, dass einige Kinder bis zu zwei Stunden täglich zusätzlich mit dem Üben von Diktaten verbringen. Dieser große zeitliche Aufwand ist auch durch die Unlust des Kindes bedingt. Ich rate diesen Eltern, dieses häusliche Diktieren stark zu reduzieren oder sogar ganz einzustellen. Es hat wenig Sinn, rechtschreibschwache Kinder durch ein vermehrtes zusätzliches Diktieren in ihrer Rechtschreibung verbessern zu wollen.

Stellen Sie sich vor, sie wären ein ganz schlechter Schwimmer oder könnten sogar überhaupt nicht schwimmen. Sie haben Angst vor dem tiefen Wasser und vermeiden somit natürlich jede Möglichkeit ins Schwimmbad zu müssen oder zögern den Schwimmbadbesuch zumindest immer wieder hinaus. Lässt sich dies nun gar nicht mehr vermeiden, werden Ihnen mit Sicherheit einige Ausreden einfallen, um nicht ins Wasser gehen zu müssen. Mit einer Engelsgeduld hat man es nun geschafft, sie doch wenigstens zu einem Schwimmkurs zu überreden und mit einer großen Portion Angst gehen Sie dort hin. Der Schwimmlehrer weiß von Ihrer Angst und sagt Ihnen, Sie müssten einfach mehr üben, dann ginge die Angst weg und Sie könnten schwimmen. Er fordert Sie auf, ins Wasser zu gehen und ein paar Schwimmzüge zu machen, er werde schon aufpassen, dass sie nicht untergehen. Sie haben Angst und wissen genau, Sie gehen unter. Trotzdem steigen Sie ins Wasser und . . .

Sie tauchen unter. Der Schwimmlehrer rettet Sie und wirft Ihnen vor, Sie hätten nur ein paar Schwimmzüge machen müssen und es hätte funktioniert. Ihre Angst wird größer, denn die Erfahrung hat wieder gezeigt, dass Sie es nicht können. Sie schimpfen, zumindest innerlich auf den Schwimmlehrer. Das flaue Gefühl in der Magengegend wird zu Beginn der nächsten Stunde verstärkt auftreten. Dabei sind Sie froh, den Schritt zu einem Kurs gemacht zu haben. Aber diese Art von Hilfe haben Sie sich nicht vorgestellt. Sie haben Unterstützung von Ihrem Schwimmlehrer erwartet, jemanden, der Ihnen Mut zuspricht und Ihre Ängste versteht. Sie haben sich Anleitung erhofft, anhand derer Sie gemeinsam mit Ihrem Schwimmlehrer Ihre Ängste abbauen und das Schwimmen lernen können.

Dieses Beispiel soll die Schwierigkeiten verdeutlichen, durch zusätzliches Diktat-Üben rechtschreibschwache Schüler in ihrer Rechtschreibleistung verbessern zu wollen. Angesagt ist daher ein ganz gezieltes Üben und Trainieren. Ihr Kind muss fühlen, wie ernst Sie seine Ängste und Probleme nehmen und diese sehen. Dies ist oftmals für ein Kind eine Voraussetzung, sich dem zusätzlichen, gezielten Üben zu öffnen. Diese Offenheit kann durch einen zu hohen zeitlichen Übungsaufwand wieder zunichte gemacht werden. Deshalb sollten Sie den zeitlichen Rahmen einer Übungsstunde nicht überspannen, 15–20 Minuten pro Übung, und dies dreimal die Woche, sollten ausreichen. So merkt Ihr Kind, wie schnell das zusätzliche Üben eigentlich vorbeigeht. Vergessen Sie auch nicht, gegebenenfalls Belohnungspunkte oder Gutscheine einzusetzen. Wichtig für Sie ist, in den Übungsstunden die Ruhe zu bewahren. Es wird Rückschläge geben, bei denen Sie Ihrem Kind Mut zusprechen müssen, damit es weitermacht. Suchen Sie notfalls Kompromisse.

Im Folgenden möchte ich Ihnen zwei Möglichkeiten vorstellen, mit denen Sie eventuell die Rechtschreibung Ihres Kindes verbessern können. Aber hier muss ich auf das „eventuell" verweisen. Eine Erfolgsgarantie gibt es auch bei diesen beiden Methoden nicht. Trotzdem möchte ich sie Ihnen als zwei gute Trainingsmöglichkeiten zur Verbesserung der Rechtschreibleistung Ihres Kindes empfehlen. Das eine ist das Wortlistentraining und das andere das Mitsprechen und Schreiben nach Silben.

Wortlistentraining

Beim Wortlistentraining geht es um das Einüben von häufig falsch geschriebenen Wörtern.

Einige Pädagogen sind der Meinung, es sei wenig sinnvoll, nur Wörter gezielt zu üben. Sie plädieren eher dafür, ganze Texte abschreiben zu lassen. Ich teile diese Meinung nicht. Wenn ich einen Schüler als Übung einen Text abschreiben lasse, bedeutet dies nicht automatisch ein intensives Beschäftigen mit dem Text geschweige denn mit einzelnen Wörtern. Es ist für Schüler nicht sehr motivierend, Texte einfach abzuschreiben. Sie werden sich nicht mit dem einzelnen Wort beschäftigen, im Gegenteil, die Wörter werden übernommen, ohne sich die Schreibweise bewusst zu machen. Sie kennen dies bestimmt auch vom Lesen her. Obwohl der Text Wort für Wort von den Augen erfasst wird, weiß man teilweise nach einigen Seiten nicht mehr, was man gelesen hat. Beim Abschreiben von Texten besteht die Gefahr, mit den Gedanken abzuschweifen, dazu kommt noch, dass in jedem Text viele Wörter dabei sind, die auch von Legasthenikern richtig geschrieben werden.

Anders sieht es beim Wortlistentraining aus. Hier werden gezielt Wörter geübt, die häufig falsch geschrieben werden. Dadurch ist die Wahrscheinlichkeit größer, sich dieses Wort einzuprägen. Es gibt verschiedene Möglichkeiten, ein Wortlistentraining durchzuführen, von denen ich ein paar wenige näher beschreiben möchte. Möglicherweise animiert Sie diese Beschreibung dazu, gemeinsam mit Ihrem Kind selber ein Wortlistentraining zu entwickeln. Ihr Kind ist vielleicht dann eher bereit, sich auf das zusätzliche Üben einzulassen. Für das jeweilige Wortlistentraining sollten Sie die von Ihrem Kind in seinen Heften, in den Diktaten und in den Aufsätzen falsch geschriebenen Wörter verwenden. Sie können zusätzlich noch die „100 meist falsch geschriebenen Wörter" benutzen, die G. Tacke in LEU (siehe Literaturliste) veröffentlicht hat. Diese 100 Wörter machen ca. 30 % der Rechtschreibfehler aus. (Können auf Karteikarten gedruckt beim Autor bestellt werden; s. S. 118)

Laufdiktate

Im Deutschunterricht der Grundschulen werden Laufdiktate häufig eingesetzt. Dazu werden einzelne Wörter auf Blätter geschrieben und im Klassenzimmer verteilt. Die Schüler gehen zu einem Wort, sehen es sich an, gehen zurück zu ihrem Platz und schreiben das Wort auf.

Anschließend holen sie sich das Blatt mit dem Wort und vergleichen es mit dem ins Heft geschriebenen.

Diese Übung kann auch zu Hause durchgeführt werden.

– Ihr Kind soll pro Tag zehn zu übende Wörter auf zehn Blätter schreiben.

- Sind so 100 Wörter übertragen, lassen Sie Ihr Kind davon zehn in seinem Zimmer, im Flur oder in einem anderen Raum aufhängen. Es sollte ein Raum sein, in dem Ihr Kind sich öfters aufhält, andere durch die Blätter aber nicht gestört werden.
  Wenn es möglich ist, können die Blätter über einen längeren Zeitraum hängen bleiben. Ansonsten müssten sie immer wieder ab- und neu aufgehängt werden.
- Ihr Kind geht zu einem Blatt hin, sieht sich das Wort an, liest es laut vor, versucht es sich einzuprägen, geht zurück zu seinem Platz und schreibt es auf.
- Anschließend holt es das aufgehängte Wort und vergleicht es mit seinem geschriebenen.
- Als nächstes versucht es mit dem geschriebenen Wort einen Satz zu bilden. Damit lernt es gleichzeitig den Sinn des Wortes kennen.

Der unsichtbare „Fotoapparat"

Bei Grundschulkindern ist der unsichtbare Fotoapparat ein beliebtes Lernmittel. Lassen Sie Ihr Kind seinen unsichtbaren Fotoapparat mit zu dem aufgehängten Wort nehmen. Es steht vor dem Wort, nimmt den Fotoapparat in die Hand, fixiert das Wort und drückt ab. Es fotografiert das Wort – Scharfeinstellung nicht vergessen. Damit ist das Wort im Kasten. Positiver Effekt dieses Spieles ist ein längeres Betrachten des Wortes, da ja das Bild gut und auch scharf werden soll.

Die gleichen Wörter sollten über einen längeren Zeitraum benützt werden. Dies gilt für beide oben vorgestellten Methoden. Dadurch prägt Ihr Kind sich diese Wörter besser ein.

Wörter, die Ihr Kind mehrfach richtig geschrieben hat, ersetzen Sie durch neue. Es ist aber sinnvoll, auch diese Wörter nach einer gewissen Zeit wieder aufzuhängen, um zu prüfen, ob sie immer noch richtig geschrieben werden.

Lernen mit dem Karteikasten

Eine andere Möglichkeit, die Rechtschreibung zu verbessern, ist das Lernen mit dem Karteikasten. Hierzu wird ein Karteikasten benötigt, der entweder gekauft oder selber hergestellt werden kann. Wenn Sie Ihn kaufen wollen, gehen Sie entweder in ein Schreibwarengeschäft oder fragen Sie in Ihrer Schule nach. Viele Lehrer wissen, wo Sie einen bestellen können.

Schöner ist es, den Karteikasten gemeinsam mit Ihrem Kind selber zu bauen. Dazu brauchen Sie entweder starken Karton oder Sperrholz. Der Karteikasten sollte eine Länge zwischen 20 cm und 30 cm haben, 5 cm–6 cm hoch und 11 cm breit sein. Damit bietet er Platz für Karteikarten im DIN A 7 Format, die Sie überall kaufen können. Auch die Karteikarten können Sie, wenn Sie wollen, selber herstellen. Nehmen Sie dazu einen starken Karton, normale Blätter sind zu dünn und damit für Karteikarten, die in einem Kasten „stehen" müssen und die öfters benutzt werden, ungeeignet. Nun benötigen Sie noch vier Trennwände, die in den Karteikasten gesteckt werden, um den Kasten in fünf Abteilungen oder Fächer einteilen zu können.

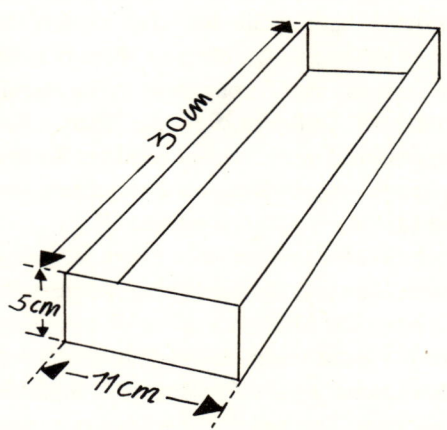

Die Grundform des Lernkarteikastens...

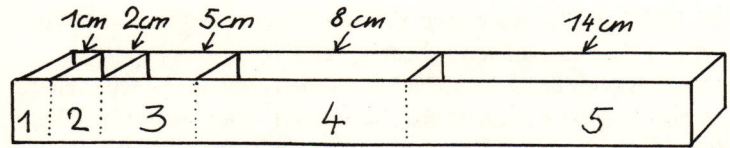

... und so wird der Kasten eingeteilt

Die zu übenden Worte werden auf diese Karteikarten geschrieben. Lassen Sie Ihr Kind diese Wörter selber schreiben, auch wenn die Schrift nicht so gut ist. Notfalls muss das Wort noch einmal geschrieben werden. Durch dieses Aufschreiben findet jedoch ein erstes Einprägen des Wortes statt. Pro Tag können zehn Karteikarten beschrieben werden.

Ihr Kind nimmt nun zehn von diesen beschriebenen Karteikarten und steckt sie in das erste Fach. Anschließend nimmt es eine Karteikarte, liest das Wort laut vor, legt die Karte mit dem Wort nach unten auf den Tisch, schreibt das Wort auf und bildet mit dem Wort einen Satz, der jedoch nicht aufgeschrieben wird. Danach wird die Karte umgedreht und mit dem geschriebenen Wort verglichen. Ist es richtig geschrieben, kommt es in das zweite Fach, ansonsten wird es an die letzte Stelle des ersten Faches wieder zurückgelegt. Mit den anderen Karten wird genauso verfahren.

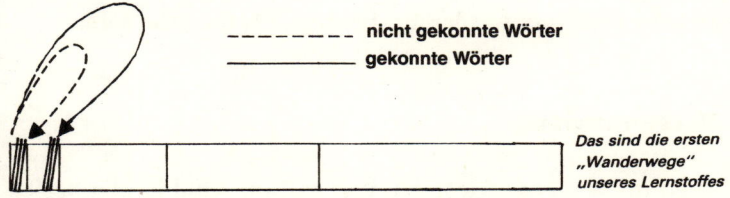

— — — — — — — **nicht gekonnte Wörter**
—————— **gekonnte Wörter**

Das sind die ersten „Wanderwege" unseres Lernstoffes

Am nächsten Tag wird das erste Fach wieder auf zehn Wörter aufgefüllt. Die Wörter des zweiten Faches werden nach der oben beschriebenen Methode durchgearbeitet. Gekonnte Wörter kommen in das dritte Fach, falsch geschriebene zurück an die letzte Stelle des ersten Faches. Danach werden die neuen Wörter des ersten Faches bearbeitet.

Die Wörter des dritten Faches werden nach drei Tagen wieder in der beschriebenen Weise bearbeitet. Richtig geschriebene Wörter kommen in das vierte Fach, die falsch geschriebenen kommen zurück in das erste Fach.

Nach einer Woche werden die Wörter des vierten Faches wiederholt.

Nach einem Monat werden die Wörter von Fach fünf wiederholt. Schreibt Ihr Kind die Wörter dann immer noch richtig, können diese Wörter aussortiert werden. Sie sind nun im Langzeitgedächtnis mit der richtigen Schreibweise für immer gespeichert.

Sinnvoll ist es, das Datum auf der Karteikarte zu vermerken, an dem das Wort wieder geschrieben werden soll. So behält man den Überblick, ob das eine Wort schon an der Reihe ist oder noch warten muss. Sie können es aber auch so machen, dass die anderen Fächer erst bearbeitet werden, wenn sie voll sind.

Verteilen Sie diese Übungseinheiten auf drei Tage pro Woche, wobei Samstag und Sonntag mit eingeschlossen sind. Die Übungsdauer sollte auch hier 15–20 Minuten nicht überschreiten. Pro Einheit sollten zwischen sieben und zehn Wörtern geübt werden, nicht mehr. Belohnungspunkte oder Gutscheine können auch hier wieder motivierend für Ihr Kind sein.

Merkworttraining

Auch mit dem Merkworttraining soll Ihr Kind lernen, falsch geschriebene Wörter richtig zu schreiben. Sie benötigen dazu eine Liste, so wie sie unten abgebildet ist. Sie können diese Liste auch mit Ihrem Kind selber herstellen, evtl. sogar am Computer. Das Training verläuft folgendermaßen:

Die zu übenden Wörter überträgt ihr Kind in die erste Spalte. Anschließend wird diese Spalte an der markierten Stelle nach hinten umgefaltet. Nun diktieren Sie die Wörter der ersten Spalte und Ihr Kind soll Sie daneben in die zweite Spalte (1. Versuch) schreiben. Nachdem Sie fünf bis sieben Wörter diktiert haben, wird die erste Spalte wieder aufgedeckt. Ihr Kind vergleicht nun beide Spalten miteinander.

Hat es einen Fehler entdeckt, wird dieser von ihm farbig markiert. Die falsch geschriebenen Wörter werden durchgestrichen und in die dritte Spalte (Verbesserung) eingetragen.

Danach wird an der markierten Stelle nach der dritten Spalte das Blatt nach hinten geknickt.

Sie diktieren die Wörter ein zweites Mal und Ihr Kind schreibt sie in die vierte Spalte (2. Versuch). Anschließend wird die Schreibweise wieder kontrolliert, die Fehler farbig markiert, die falsch geschriebenen Wörter durchgestrichen und in die fünfte Spalte (Verbesserung) mit richtiger Schreibweise eingetragen. Diese falsch geschriebenen Wörter sollten auch weiterhin geübt werden.

Beispiel:

Merkwörter	1. Versuch	Verbesserung	2. Versuch	Verbesserung

Wörter, die richtig geschrieben werden, erhalten ein Pluszeichen. Zur Speicherung müssen auch die richtig geschriebenen Wörter mehrfach wiederholt werden, in einer anderen Reihenfolge und zu einem späteren Zeitpunkt.

Hat ein Wort drei Pluszeichen bekommen, wird es in einem Übungssatz verwendet, damit Ihr Kind sich auch den Sinn des Wortes einprägen kann. Schreibt es in diesem Übungssatz das Wort immer noch richtig, können Sie es für einen längeren Zeitraum beiseite legen. Nach ca. einem Monat wird es wieder verwendet und wenn es immer noch richtig geschrieben wird, können Sie es getrost weglegen, es dürfte im Langzeitgedächtnis gespeichert sein.

Achten Sie bitte auch bei diesem Training darauf, dass Sie die einzelnen Übungsstunden nicht zu lang werden lassen. Denken Sie daran, auch Ihr Kind möchte nicht jeden Nachmittag lernen und Hausaufgaben machen.

Das rhythmisch-silbierende Mitsprechen

Die nächste Methode, die ich Ihnen zur Verbesserung der Rechtschreibleistung vorstellen möchte, ist die des rhythmisch-silbierenden Mitsprechens. Hierbei geht es um die Koordination von Sprechen, Schreiben und Bewegen. Das Sprechen erfolgt in Silben, ebenso, zumindest noch am Anfang, auch das Schreiben. Synchron dazu werden noch Bewegungen gemacht, die das Ganze unterstützen. Entwickelt wurde diese Methode von der Schulpsychologin Heide Buschmann. Sie hat durch Untersuchungen die Schwierigkeit von Legasthenikern in der Koordination von Sprechen, Schreiben und Bewegen erkannt.

In meinen nun folgenden Ausführungen habe ich den Artikel von Gero Tacke, Hermann Brezing und Günter Schultheiß „Rhythmisch-syllabierendes Mitsprechen als Möglichkeit, die

Rechtschreibung zu verbessern" (siehe Literaturliste) als Grundlage benutzt. Während nicht rechtschreibschwache Kinder, vor allem in der Grundschule, in der Regel bei schwierigen Wörtern laut oder in Gedanken mitlesen, bereitet dieses legasthenen Kindern enorme Schwierigkeiten. Bei ihnen ist das Sprechen und Schreiben nicht synchron. Entweder sprechen sie schneller als sie schreiben oder sie hinken mit dem Sprechen hinter dem Schreiben her. Während ich diese Zeilen schreibe, fällt mir auf, auch ich spreche in Gedanken die Wörter, die ich schreibe, mit. Dabei brauche ich für das Sprechen genauso lang wie für das Schreiben. Ich bin mit dem gedanklichen Sprechen des Wortes fertig, wenn ich es geschrieben habe. Gerade kommt auch meine jüngste Tochter (5. Klasse) zu mir und schreibt einen Satz an unsere Schultafel, die an der Wand einer unserer Praxisräume hängt. Während sie schreibt, spricht sie die Wörter laut mit. Mir fällt ihr Mitsprechen in Silben auf. Ich frage sie, ob sie immer beim Schreiben mitspreche und sie antwortete mir, zu Hause ja, in der Schule nur in Gedanken. Ich bat sie, den Satz „Ich gehe in die Schule" an die Tafel zu schreiben, außerdem das Wort „Fensterrahmen". Während sie es schrieb, sprach sie im selben Tempo mit. Bei den Wörtern „Schule" und „Fensterrahmen" hat sie in Silben gesprochen. Auf meine Frage, warum sie in Silben mitspreche, antwortete sie mir, sie wisse es nicht, sie mache dies schon immer automatisch.

Es hat mich nun interessiert, wie meine beiden anderen Töchter (12. Klasse Gymnasium und 10. Klasse Realschule) dies machen. Ich bat sie, das Wort „Schornsteinfeger" auf ein Blatt zu schreiben. Anschließend fragte ich sie, ob sie gedanklich dieses Wort in Silben und im Schreibtempo mitgesprochen hätten. Beide bestätigten dies.

Versuchen Sie es einmal selbst. Schreiben Sie den Satz: „Morgen werden wir in das Schwimmbad gehen" auf ein Blatt Papier und achten Sie darauf, ob Sie in Gedanken mitsprechen. Ist nun diese Synchronisation von Sprechen und Schreiben nicht vorhanden, muss der Schüler zwei unterschiedliche Gedankengänge gleichzeitig bewerkstelligen. Zum einen beschäftigt er sich mit dem, was er gerade schreibt und zum anderen ist er gedanklich bei einem ganz anderen Wortteil. Dies muss automatisch zu Fehlern führen. Erst wenn das Schreiben und Sprechen gleichzeitig abläuft, kann er sich viel besser auf das, was er gerade schreibt, konzentrieren. Deshalb ist diese Synchronisation zwischen Sprechen (laut oder in Gedanken) und dem Schreiben Grundvoraussetzung für eine bessere Rechtschreibung. In einem gezielten Training gilt es nun, diese Synchronisation, die bei legasthenen Kindern sehr häufig fehlt, herzustellen.

In vielen Elternvorträgen über diese Methode werde ich immer wieder gefragt, ob dies nicht zu einer Verlangsamung des Schreibens führe. In der Tat wird dies am Anfang auch so sein. Das Training zielt aber darauf ab, dies zu beseitigen. Meine drei Töchter haben mir bestätigt, dass sie auch während den Diktaten in Gedanken mitsprechen. Sie hätten keine Probleme nicht fertig zu werden. Ein weiterer Vorteil vom silbierenden Mitsprechen liegt im Erkennen der Konsonantenverdoppelung, die einen großen Anteil an der Fehlerquote hat. Indem man das Wort „rennen" schreibt und gleichzeitig in Silben mitspricht, erkennt man die Verdoppelung des „n".

Auch dazu möchte ich von einer Begebenheit aus meiner Praxis erzählen.

Es hatten sich Eltern angesagt, deren Kind sehr große Probleme in der Rechtschreibung hat.

Bei dem Erstgespräch ist es mir sehr wichtig, dass neben den Eltern auch das Kind anwesend ist. Während die Eltern mir die Problematik schilderten, ging ihr Sohn zu der Tafel und schrieb verschiedene Wörter auf. Fast alle waren falsch geschrieben, so auch das Wort „kommen" mit einem „m". Ich bat ihn, das Wort in Silben zu lesen. Er stellte sofort das fehlende „m" fest.

Durch das Erlernen des silbierenden Mitsprechens kann, nach Tacke, schon nach einem $1/2$ Jahr Förderung die Fehlerzahl zwischen 10 und 30 % verringert werden. 30 % entsprechen ungefähr einer Verbesserung von einer Note. Dies ist für viele Legastheniker schon ein großer Erfolg. Natürlich bearbeitet dieses Training nur einen Teil der Fehlerquote. Es hat keine Auswirkung auf verschiedene Regeln der Rechtschreibung. Die Methode des silbierenden Mitsprechens verbessert auch die Groß- und Kleinschreibung, obwohl sie nicht speziell geübt wird. Es hat sich gezeigt, dass Schüler, die dieses Training absolvieren, weniger Fehler in der Groß- und Kleinschreibung als vor Beginn des Trainings machen. Der Grund hierfür dürfte in dem intensiven Beschäftigen mit den Wörtern liegen. In dem Training lernen die Kinder die Wörter genauer und bewusster zu betrachten. Es wird nicht einfach darüber gelesen, sondern durch das Mitsprechen in Silben prägt sich das Schriftbild viel besser ein, was sich wiederum auf die Verbesserung der Groß- und Kleinschreibung auswirkt. Eine Frage, die Eltern immer wieder stellen, ist, ob das Training auch mit zwei Kindern gleichzeitig durchgeführt werden kann. Im Prinzip ist dies möglich.

Trotzdem rate ich diesen Eltern davon ab. In der Regel besteht bei den eigenen Kindern nicht nur ein Altersunterschied, auch wenn er nur zwei Jahre beträgt, sondern auch ein Unterschied im Begreifen und im Umsetzen von Erlerntem. Stellen Sie sich vor, Ihr zwei Jahre jüngeres Kind macht die Übungen besser, als das ältere. Wie enttäuschend muss es für das ältere sein, dies mit anzusehen. Die Motivation sinkt ab und sie verschwindet gänzlich, wenn das jüngere eventuell auch noch das ältere auslacht. Aber auch wenn das ältere Kind es schneller begreift, ist dies für das jüngere nicht sehr motivierend. Hinzu kommt noch die Unsicherheit, wenn man vom Bruder oder der Schwester bei seinen Übungen eventuell grinsend beobachtet wird. Auch für Sie als Trainer wird es sehr schwer werden. Sie müssen, wenn Sie zum anderen Kind wechseln, sich ganz schnell auf dieses Kind einstimmen und dies ist nicht immer leicht. Außerdem müssen Sie eventuell die Übung mit dem einen Kind unterbrechen um Ihr anderes Kind zur Ruhe zu bringen. Damit ist das Verhältnis zwischen Ihnen als Trainer und Ihrem Kind gestört, Sie müssen es eventuell neu aufbauen. Wenn es ganz schlecht läuft, können Sie dieses Verhältnis nicht mehr herstellen, Sie müssen das Training für diesen Tag abbrechen. Wenn Sie es mit Ihrem zweiten oder dritten Kind durchführen wollen, sollten Sie dies empfehlenswerterweise im Einzelunterricht tun.

Das Training wird dreimal pro Woche je 15 Minuten absolviert. In diesen jeweiligen 15 Minuten sollten Sie mit Ihrem Kind alleine und ungestört sein. Machen Sie dem Rest der Familie klar, in diesen 15 Minuten wollen Sie nicht gestört werden, auch nicht durch das Telefon oder „ganz wichtige Fragen". Widmen Sie sich in dieser Zeit voll und ganz Ihrem Kind und es wird sich vielleicht schon auf die nächste Übungsstunde mit Ihnen freuen. Es weiß, in dieser Zeit habe ich meine Mutter/ meinen Vater für mich ganz alleine. Diese Zweisamkeit kann sich positiv auf Ihr Verhältnis zu Ihrem Kind auswirken, was u.a. natürlich auch dem Training zugute kommt. Eltern, die dieses Training trotzdem mit zwei Kindern gleichzeitig durchführen wollten, um z.B. Zeit zu sparen, haben mir später berichtet, sie hätten es aus den oben beschriebenen Gründen wieder abgebrochen. Sie sind zum Einzelunterricht übergegangen.

Häufig wird gesagt, diese Methode sei nur mit Kindern durchführbar, die schon lesen und schreiben könnten. Diese Meinung teile ich nicht. Natürlich kann ich einem Kindergartenkind oder auch einem Erstklässler, der gerade ein paar Monate in der Schule ist, keine Wörter diktieren oder vom Blatt in Silben ablesen lassen. Ich kann aber das Sprechen der Wörter in Silben sowohl im Kindergarten als auch in der 1. Klasse spielerisch trainieren. Dazu reicht es vollkommen aus, mehrmals die Woche, vielleicht auch jeden Tag fünf bis zehn Minuten gemeinsam mit den Kindern Wörter in Silben zu sprechen. So kann z.B. das Wort „Schornsteinfeger" in Silben gesprochen werden und bei jeder Silbe wird in die Hände geklatscht oder mit dem Fuß auf den Boden gestampft. Den Kindern macht dies großen Spaß, sie können auch selber Wörter nennen oder sogar Phantasiewörter erfinden. Auf diese Art und Weise kann das silbierende Mitsprechen auch zu Hause spielerisch mit einem Kindergartenkind erlernt, geübt und gefestigt werden. Damit wird auch gleichzeitig eine der vier Grundvoraussetzungen des Lesens, wie beim Lesetraining beschrieben, nämlich das Aufteilen der Wörter in Silben, geübt.

Es wäre schön, wenn Kindergärten diese Grundtechniken mit den Kindern verstärkt üben würden. Dies beseitigt zwar keineswegs das Problem der Legasthenie, würde aber einigen Kindern den Zugang zur Schriftsprache erleichtern. Schön wäre es auch, in den Grundschulen beim Schreiben das leise Mitsprechen zu erlauben.

Das Training, so wie es im nächsten Kapitel genau beschrieben wird, ist auch mit älteren Kindern und Erwachsenen durchführbar und führt auch dort zu sichtbaren Erfolgen. Das Training zu Hause muss nicht unbedingt von den Eltern durchgeführt werden. So kann ein momentan gestörtes Verhältnis zwischen Eltern und Kind oder zeitlicher Druck seitens der Eltern das Training nicht möglich machen. In diesem Fall erscheint es sehr sinnvoll, die Übungen von einer anderen Person des Vertrauens Ihres Kindes durchführen zu lassen. Oma, Opa, Tante, Onkel etc. wären eventuelle Ansprechpartner. Klären Sie dies mit Ihrem Kind, so dass es dies auch versteht und nicht als ein Abschieben empfindet. Manchmal erscheint es besser, die Übungen mit einer anderen Person und nicht in vertrauter Umgebung zu machen. Zu Hause fühlt sich Ihr Kind als „Herr im Haus" und versucht diese Position auch auszunützen. Anders sieht es aus, wenn das Training in der Wohnung des Trainers stattfindet.

Insgesamt sollten Sie sich auf ca. drei Monate des Trainierens einstellen, bis Ihr Kind es so weit beherrscht, um es alleine und automatisch anwenden zu können.

Trotzdem sollte auch nach dieser Trainingsphase immer

wieder nachgeprüft werden, ob Ihr Kind das silbierende Mitsprechen auch wirklich anwendet. Sollte dies nicht der Fall sein, kann es relativ schnell anhand des Trainings wieder erlernt werden. Ihr Kind sollte irgendwann in der Lage sein, dieses silbierende Mitsprechen auf Grund des Trainingsprogramms automatisch und in Gedanken zu vollziehen.

Berichte zweier Mütter

Ich möchte nun zwei Mütter zu Wort kommen lassen, die das Trainingsprogramm zum rhythmisch-silbierenden Mitsprechen mit ihren Kindern durchgeführt haben.

Frau Müller:
Samuel kam mit sechs Jahren in die Schule. Sein liebstes Fach wurde Heimat- und Sachkunde. In Mathematik und Deutsch war er auch gut. Eine besonders ausgeprägte Schwäche für Rechtschreibung wurde nicht festgestellt. Es fiel jedoch auf, dass er in geübten Diktaten eher mehr Fehler machte als in ungeübten. Später erst stellte sich heraus, woran das lag. Wenn er ein Wort hört, sieht er in seinem inneren Auge nicht das Schriftbild, sondern das Photo des Gegenstandes. Also nützt es nichts, das Wort zehnmal zu schreiben, im Gegenteil, er sieht das Wort immer weniger. So macht er immer mehr Fehler. Mit der dritten Klasse begannen für Samuel die Probleme. Nun hatte er einen Lehrer, der wenig Verständnis für die Schüler hatte. Dazu machte er einen äußerst langweiligen Unterricht, in dem viele Dinge laufend wiederholt wurden. Mein Sohn wurde sehr nervös und bekam häufig Bauchschmerzen. Seine Noten wurden jedoch im Allgemeinen nicht schlechter, nur seine Schrift und seine Rechtschreibung. Es fing langsam an und wurde bis zum Ende des vierten Schuljahres hin immer schlimmer. Zum Schluss schrieb er fast kein Wort mehr richtig. Besonders die Wörter, die häufig wiederholt wurden, schrieb er

falsch oder die, die er von der Tafel abschrieb. Samuel brach-
te es einfach nicht fertig, sich auf ein Wort zu konzentrieren,
das er schon gehört hatte. Ich beobachtete dies genau, wusste
aber nicht, wie ihm zu helfen war. Er las viel, sah wenig fern,
üben nützte nichts – also was tun? Sein Lehrer wusste natür-
lich auch keinen Rat, außer den bekannten Übungen.

Durch Zufall erzählte ich diese Probleme der Kollegin ei-
ner anderen Schule. Sie sagte mir, dass es eine spezielle Me-
thode des Rechtschreibtrainings gäbe und sie könne sich vor-
stellen, dass diese bei meinem Sohn helfen würde. Natürlich
war ich froh einen Menschen zu finden, der mir sagt: Es gibt
eine Hilfe. Sofort besorgte ich mir bei unserem neu ausgebil-
deten Beratungslehrer die nötigen Unterlagen. Ich las sie durch
und hatte ein gutes Gefühl. Auch Samuel, der inzwischen
sehr unter seiner Rechtschreibung litt, war mit dieser Art des
Übens einverstanden. Dennoch warteten wir ab, bis er sich
im Gymnasium, das er nun besuchte, einigermaßen eingelebt
und von den Strapazen der Grundschule erholt hatte.

Das erste Diktat in der fünften Klasse war natürlich eine
Katastrophe. Das Diktat hatte 260 Wörter und er hatte über
60 Fehler gemacht. Der Deutschlehrer fragte sich, was dieser
Schüler im Gymnasium zu suchen habe. Auch sein Aufsatz
war übersät mit Fehlern. Also fingen wir nun mit der Methode
des rhythmisch-silbierenden Mitsprechens an. Wir übten re-
gelmäßig zweimal die Woche je 20 Minuten, eher weniger. Ich
sollte vielleicht noch erwähnen, dass unser Samuel ein Junge
ist, der sehr ungern irgendetwas übt. Aber diese Methode kam
ihm so weit entgegen, dass er dies ganz gut aushalten konnte.

Schnell merkten wir, dass er die Rechtschreibprobleme lei-
der auch im Englischen hatte. Wie sollten wir nur hier vorge-
hen? Gemeinsam legten wir fest, dass ich ihm an den Tagen,
an denen er keinen Nachmittagsunterricht hat, fünf Sätze auf
Englisch diktiere, die er genauso wie die Deutschen unter-
hakt. Unabhängig von dem laufenden Unterrichtsgeschehen
übten wir nun regelmäßig fast zwei Jahre lang. Die Erfolge

stellten sich natürlich nicht sofort ein. Es ist ein langwieriger Prozess.

Für Samuel war es schon eine große Erleichterung, eine Hilfe für das Diktat bei der Hand zu haben, nämlich das Unterhaken. Er merkte sehr schnell, dass dies eine Methode ist, durch die er endlich den Blick auf das Wort lenken konnte.

Im zweiten Diktat hatte er etwa zehn Fehler weniger. Seine Schrift war etwas besser geworden und neue englische Wörter lernte er leichter. In der sechsten Klasse lobte ihn sein Deutschlehrer für seine Fortschritte in der Rechtschreibung. Im ersten Diktat hatte er nicht mal mehr die Hälfte der Fehlerzahl und im zweiten nur noch etwa ein Drittel. Nebenbei ist seine Schrift bedeutend besser geworden. Dafür wurde er sogar ganz besonders von seinem Klassenlehrer gelobt. Erwähnen muss ich noch, dass sich unser Sohn in dieser Schule recht wohl fühlt. Es entfiel der psychische Druck, den er in der Grundschule auszuhalten hatte. Dennoch bin ich überzeugt, dass wir ohne diese Methode lange nicht so weit gekommen wären. Sie ist auf jeden Fall ein Versuch wert. Falsch machen kann man sicherlich nichts dabei. Und Spaß macht sie auch, soweit man beim Lernen von Spaß reden kann.

Zu Beginn der siebten Klasse hatte ich zunächst keine Zeit, mit Samuel zu üben. Nach vier Wochen kam er zu mir und meinte, ob wir nicht wieder üben könnten. Er hatte das Gefühl, dass er wieder schlechter wird in Deutsch und Englisch. Seither diktiere ich ihm regelmäßig täglich fünf englische Sätze und zweimal wöchentlich einen kurzen deutschen Text. Schon nach einer Woche fühlte er sich wieder viel sicherer beim Schreiben.

Meine Erfahrungen als Deutschlehrerin sind noch nicht besonders groß. Ich probierte, die Methode in den Unterricht einzubauen. So diktierte ich regelmäßig einige Sätze oder Wörter und ließ sie von den Kindern, laut dazu sprechend, unterhaken. Im Diktat stellte ich ihnen frei dies zu tun. Viele Kinder nahmen die Gelegenheit wahr. Nun kann ich nicht sagen, dass das Diktat daraufhin gut ausgefallen ist. Ich stellte jedoch fest, dass die Schülerinnen und Schüler wenig sog. Flüchtigkeitsfehler gemacht haben. Es fehlte z. B. kein einziger I-, Ü- oder Ä-Punkt.

Mein Fazit des Umgangs mit der Art des Übens ist: Die Methode des rhythmisch-silbierenden Mitsprechens ist sicher kein Allheilmittel. Das gibt es nicht. Aber sie ist eine Möglichkeit des Übens. Und für Kinder, die Probleme haben, eigene Fehler zu erkennen, kann sie eine große Hilfe sein. Allerdings ist Ausdauer beim Üben und konsequente Durchführung unbedingt erforderlich.

Frau Maier:

Eines Tages kam Markus von der Schule nach Hause und erzählte, dass der Beratungslehrer der Schule einen Vortrag über eine Trainingsmethode zur Verbesserung der Rechtschreibung halten würde. Da Markus schon seit der Grundschule starke Probleme mit der Rechtschreibung hat, wollte er unbedingt, dass ich zu dieser Veranstaltung gehe, obwohl er wusste, dies könnte für ihn zusätzliche Übungsstunden bedeuten. Also ging ich hin. Was ich dort hörte, fand ich sehr interessant.

Der Beratungslehrer stellte ein Trainingsprogramm zum rhythmisch-silbierenden Mitsprechen vor und bot Unterlagen dazu an, in denen der Ablauf jeder einzelnen Übungsstunde genau aufgeführt wurde. Dies war für mich mit ein wichtiger Grund, mich darauf einzulassen. Die Unterlagen gaben mir die Möglichkeit, mit meinen Kindern zu üben, ohne mir Gedanken über Wörter, Diktate oder Ablauf machen zu müssen.

Zuerst habe ich es mit meinen beiden Kindern gleichzeitig gemacht. Davon bin ich aber schnell wieder abgekommen, denn die Unterschiede waren zu groß. Außerdem fiel es mir sehr schwer, mich innerhalb einer Übungsstunde auf beide Kinder einzustellen.

Durch die dann erfolgte Trennung konnte ich nun auf das individuelle Lerntempo meiner Kinder eingehen. Markus, der jüngere von beiden, war fast bis zum Schluss mit Begeisterung dabei. Das Laufen und die Bewegungen mit der Hand in der Luft machte er ernsthaft mit. Am Anfang wollte er sogar immer länger als die angegebenen 15 Minuten üben, was ich aber nicht zugelassen habe. Für jede erfolgreich verlaufende Übungsstunde bekam Markus einen Belohnungspunkt und für eine bestimmte Anzahl durfte er sich etwas aussuchen.

Nachdem wir die Übungen alle absolviert hatten, wurden von uns keine weiteren Übungsstunden abgehalten. Markus hat nun gelernt beim Schreiben gedanklich mitzuschwingen und die Wörter in Silben zu zerlegen. Im Laufe der Zeit habe ich ihn immer wieder daran erinnert und auch ab und zu kontrolliert. Heute macht Markus sowohl in der Schule als auch zu Hause beim Schreiben die gedankliche Zerlegung der Wörter in Silben. Er ist zwar kein toller Rechtschreiber geworden, aber mit seinen Rechtschreibleistungen bin ich mehr als zufrieden.

Etwas anders sah es bei meinem älteren Sohn (7. Klasse) aus. Es zeigte sich, dass er sich schämte, die Bögen unter die Silben zu setzen. Hinzu kamen noch Schwierigkeiten in Englisch. Dies alles führte dazu, dass wir das Training abgebrochen haben, sehr zu meinem Bedauern.

Da ich von der Methode des rhythmisch-silbierenden Mitsprechens trotzdem sehr überzeugt bin, habe ich sie auch mit meiner Tochter (damals 1. Kasse) durchgeführt. Michaela war mit Begeisterung dabei. Natürlich haben wir hauptsächlich das Sprechen in Silben mit den Bögen in der Luft geübt und nur wenig geschrieben.

Die Methode des rhythmisch-silbierenden Mitsprechens ist meiner Meinung nach eine sehr effektive Methode um die Rechtschreibleistungen wirklich zu verbessern, aber eine Garantie gibt es dafür nicht.

Ein positiver Nebeneffekt dieser Übungsstunden war, dass zumindestens Markus und Michaela erfahren haben, Lernen

kann auch Spaß machen und sehr sinnvoll sein. Es zeigte sich,
dass es sehr wichtig war, einen ruhigen Platz zu haben, an
dem die Übungen störungsfrei durchgeführt werden konnten.

Frau Maier konnte das Training mit ihrem ältesten Sohn nicht
machen, da dieser sich nicht auf die Übungen einlassen konnte. Vielleicht schafft sie es zu einem späteren Zeitpunkt, wenn
er es wirklich will.

Natürlich spielt dabei das Alter eine große Rolle, es waren
aber auch schon Schüler aus der 9. Klasse bei mir, die dieses
Trainingsprogramm mit ihren Müttern absolviert haben, ohne
sich kindisch vorzukommen.

Trainingsprogramm zum rhythmisch-silbierenden Mitsprechen

Mit den nun folgenden Anleitungen bekommen Sie ein Trainingsprogramm in die Hand, mit dem Sie Ihrem Kind das rhythmisch-silbierende Mitsprechen beibringen können.

Das gesamte Training umfasst einen Zeitraum von circa 12 Wochen. Pro Woche müssen drei Übungseinheiten von je 15 Minuten durchgeführt werden. Sie sollten sich aus den im Kapitel „Leseförderung" beschriebenen Gründen an diese Zeitangaben halten. Legen Sie mit Ihrem Kind und der Familie jeweils immer für eine Woche die Übungstermine fest, an die sich jeder halten soll. Eltern, die dieses Programm durchführten, haben mir bestätigt, wie wichtig es sei, Termine vorher festzulegen.

Arbeitsprinzipien für das Schwingen und Schreiben

Damit das silbierende Mitsprechen anhand von Wörtern, Sätzen und Texten eingeübt werden kann, müssen Grundvoraussetzungen geschaffen werden. Dieses Einüben der Grundvoraussetzungen habe ich in fünf Stufen aufgeteilt. Wichtig hierbei ist, erst zur nächsten Stufe überzugehen, wenn Ihr Kind die letzte beherrscht, denn sie bauen aufeinander auf. Von daher ist es sehr sinnvoll, sich an den beschriebenen Ablauf genau zu halten und nicht Übungen, die erst später gemacht werden sollen, vorzuziehen. Dies kann das Trainingsprogramm zunichte machen. Denken Sie daran, sich vor jeder Übungseinheit Wörter aufzuschreiben, damit der Übungsfluss nicht durch ein verzweifeltes Suchen nach Wörtern unterbrochen wird.

Stufe 1

Die erste Stufe beinhaltet das Einüben des silbierenden Sprechens. Sie sagen Ihrem Kind zweisilbige Wörter vor, z.B. *Sonne*. Sie sprechen *Son – ne* und Ihr Kind spricht ebenfalls in Silben laut nach. Für diese Übung müssen Sie noch keinen festen Termin vereinbaren. Sie können dieses Silbensprechen während einer Autofahrt, beim Essen, beim Spaziergang oder abends vor dem Einschlafen üben. Machen Sie ein Spiel daraus, lassen Sie auch Ihr Kind zweisilbige Wörter vorsagen, die Sie und/oder andere aus der Familie nachsagen. Erst wenn das Sprechen der zweisilbigen Wörter gut gekonnt wird, sollten Sie auf mehrsilbige umsteigen.

Bei dieser Übung geht es nur um das Sprechen und noch nicht um das Schreiben.

Stufe 2

In der zweiten Stufe soll sich Ihr Kind zu dem Sprechen bewegen. Diese Bewegung erfolgt in Form von Schritten, die seitwärts ausgeführt werden. Seitwärts bedeutet, die Schritte in Schreibrichtung auszuführen, also nach rechts. Denken Sie daran, auch Linkshänder schreiben nach rechts.

Beginnen Sie wieder mit zweisilbigen Wörtern. Nehmen wir das Wort *laufen*.

Mit dem Sprechen der ersten Silbe *lau* wird gleichzeitig ein Schritt nach rechts gemacht. Anschließend erfolgt die zweite Silbe *fen*, ebenfalls mit dem Schritt nach rechts.

Bei dieser Übung ist darauf zu achten, dass die Schritte und das Sprechen der einzelnen Silben synchron, also gleichzeitig verlaufen. Wenn Ihr Kind mit dem Sprechen der Silbe *lau* fertig ist, sollte auch die Bewegung nach rechts beendet sein. Erst dann wird mit dem Sprechen und Bewegen der nächsten Silbe angefangen.

Ein Tipp: Wenn Sie Ihrem Kind die Übung vormachen, sollten Sie sich neben Ihr Kind stellen. Stehen Sie sich gegenüber und schauen sich an, muss Ihr Kind spiegelbildlich denken. Es sieht Sie in Richtung Fenster gehen und wird dies eventuell auch als Richtung annehmen. Von der Seite des Kindes aus ist dies aber links und somit nicht mehr in Schreibrichtung.

Funktioniert diese Übung mit zweisilbigen Wörtern, können Sie zu mehrsilbigen übergehen.

Die nächste Stufe sollten Sie erst betreten, wenn das Sprechen und die Schritte auch bei mehrsilbigen Wörtern synchron verlaufen.

Stufe 3

In der dritten Stufe werden die Schritte durch Bewegungen mit der Hand ersetzt. Während Ihr Kind die erste Silbe spricht, soll es gleichzeitig mit der Schreibhand einen Bogen in der Luft malen ⌣. Es fängt mit dem Bogen an, wenn es mit dem lauten Sprechen der Silbe beginnt und hört auf, wenn die Silbe beendet ist. Erst dann geht es zur zweiten Silbe über.

Um diese Bögen in der Luft zu beschreiben, kann Ihr Kind seinen Füller oder einen anderen ihm lieben Gegenstand in die Hand nehmen. Diese Bögen sollten in der zentralen Mitte des Körpers ungefähr in Höhe des Gesichts beginnen. Die Bewegung geht runter bis zum Bauchnabel, beschreibt dort einen schönen runden Bogen nach rechts und geht wieder hoch. Von dort aus beginnt der zweite Bogen, der in derselben Art und Weise ausgeführt wird wie der erste. Anschließend der dritte, vierte . . . also so viele Bögen, wie das Wort Silben hat. Bei einem Wort mit relativ vielen Silben sollte Ihr Kind sich drehen, wenn es mit dem Arm nicht mehr weiterkommt. Ansonsten soll es stehen bleiben.

Beispiel: Tintenkillerstifte
Tin ten kil ler stif te (sprechen)
⌣ ⌣ ⌣ ⌣ ⌣ ⌣ (Bögen mit der Hand)

Bei diesen ersten drei Stufen ist noch nicht so sehr auf die Aussprache zu achten. Sie dienen dem Einüben von gleichzeitiger Bewegung und lautem Sprechen.

Stufe 4

In der vierten Stufe wird jetzt mit dem Schreiben begonnen. Lassen Sie dazu von Ihrem Kind die erste Silbe des Wortes aufschreiben und gleichzeitig laut mitsprechen. Anschließend soll es unter diese geschriebene Silbe einen Bogen setzen und die Silbe noch einmal laut mitsprechen. Danach wird mit der zweiten Silbe genauso verfahren.

Beispiel:

1. M e s   schreiben und sprechen
2. ⌣   Bogen zeichnen und sprechen

3. ser   schreiben und sprechen
4. ⌣   Bogen zeichnen und sprechen

Wichtig ist die Gleichmäßigkeit der Bögen. Sie sollten schön rund und gleich hoch sein, während die Breite von der Länge der Silbe abhängig ist. Üben Sie dies wiederum zuerst mit zweisilbigen Wörtern, bevor Sie zu mehrsilbigen übergehen. Achten Sie jetzt auch auf die richtige Betonung der einzelnen Silben. Sie sollte rhythmisch verlaufen. Man beginnt die Silbe in normaler Tonhöhe, senkt die Stimme in der Mitte der Silbe und geht am Ende wieder zur normalen Tonhöhe zurück.

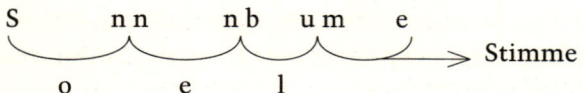

Stufe 5

In der fünften Stufe wird das Wort als Ganzes geschrieben und erst anschließend die Bögen unter die Silben gesetzt. Sie diktieren das zweisilbige Wort, Ihr Kind schreibt es bei gleichzeitigem lautem silbierendem Mitsprechen auf. Das Sprechen der Silbe endet mit dem Schreiben. Danach spricht es die erste Silbe laut, während es simultan dazu den Bogen darunter setzt.

Beispiel 1: zweisilbiges Wort
1.   T a f e l   schreiben und sprechen
2.   ‿‿‿   Bogen zeichnen und sprechen

Beispiel 2: mehrsilbiges Wort
1.   G e b u r t s t a g   schreiben und sprechen
2.   ‿‿‿‿   Bogen zeichnen und sprechen

Wenn Ihr Kind diese fünfte Stufe erfolgreich durchlaufen hat, können Sie mit dem eigentlichen Training beginnen.

Ab der vierten Stufe sollten Sie verstärkt auf die Aussprache achten. Ihr Kind muss die Buchstaben klar und deutlich sprechen und darf keine Silben oder Endungen verschlucken. Ein *P* ist ein *P* und kein *B*. Ebenso müssen die Buchstaben *D, T, G, K* deutlich weich bzw. hart ausgesprochen werden.

Im Umgangsdeutsch ist es üblich geworden, verschiedene Wörter verkürzt zu sagen. Statt *„ist"* wird *„is"* gesagt, statt *„Schuhe"* nur noch *„Schue"* gesprochen. Außerdem neigen Kinder verstärkt dazu einen Buchstaben durch einen anderen zu ersetzten, also *„nunter"* statt *„runter"*.

Deshalb sollten Sie jetzt verstärkt auf die Aussprache Ihres Kindes achten – und auch auf die eigene. Auch Sie sollten die Buchstaben alle klar und deutlich aussprechen. Am Anfang wird es Ihnen vielleicht schwer fallen, vor allem, wenn Sie Dialekt sprechen. Sie werden sich aber schon bald daran gewöhnt haben, in den Übungsstunden klar und sehr deutlich zu sprechen. Die Aussprache ist wirklich sehr wichtig, denn Ihr Kind soll *alle* Buchstaben hören, sprechen und damit auch schreiben.

Psychologen fanden heraus, je mehr sich die Schriftsprache eines Landes von der Lautsprache unterscheidet, desto größere Probleme bekommen die Kinder in der Rechtschreibung. Laut Hohenloher Zeitung vom 28. Juni 1999 haben in der BRD ca. 10–15 % eines Jahrgangs eine LRS-Schwäche. Von daher ist eine klare und deutliche Aussprache vom Trainer und Übenden äußerst wichtig. Mit diesen fünf Stufen haben Sie nun die Voraussetzung geschaffen, damit Ihr Kind das silbierende Mitsprechen gezielt üben und sich somit aneignen kann. Diese Sequenzen wird Ihr Kind voraussichtlich relativ schnell durchlaufen. Einigen Kindern wird dies gar keine Mühe bereiten, andere wiederum werden mehr Zeit und Übung dafür aufbringen müssen. Passen Sie sich dem Tempo Ihres Kindes an. Sollte es in Ihrem Bekanntenkreis Kinder geben, die diese Grundvoraussetzungen schneller beherrschen als Ihr Kind, so ist dies kein Problem. Bleiben Sie beim Tempo Ihres Kindes und setzen Sie es nicht unter Druck.

Bevor ich nun das gezielte Trainingsprogramm beschreibe, möchte ich noch einiges zum Diktieren sagen. Viele Mütter, Väter oder Geschwister sitzen beim Diktieren dem Kind gegenüber um genau verfolgen zu können, ob Fehler gemacht werden. Wird ein Wort falsch geschrieben, haken einige sofort ein und es muss gleich verbessert werden. Andere schaffen es, den Fehler stehen zu lassen, reagieren aber mit einem Seufzer, einem Augenaufschlag oder sonstigen Bewegungen auf das falsch geschriebene Wort. Dies kann dazu führen, dass Ihr Kind bei jedem Wort darauf achtet, ob Sie etwas sagen oder die Augen bewegen oder auf irgend eine andere Art reagieren. Es achtet nicht mehr auf das, was es schreiben soll, sondern nur noch auf den Diktierenden. Ist es der Meinung, Sie haben eine nicht übliche Bewegung gemacht, geht es davon aus, das Wort falsch geschrieben zu haben und es wird den Fehler suchen. Ist das Wort aber richtig geschrieben, wird es einen Buchstaben hinzufügen oder streichen, nur um das Wort „richtig" zu schreiben. Damit Ihr Kind sich nicht auf Sie konzentriert, ist es sinnvoll, sich in einer gewissen Entfernung zum Kind hinzusetzen. Bitte aber nicht hinter den Rücken des Kindes. In vielen Gesprächen haben mir Schüler erzählt, es mache sie sehr nervös, wenn der Lehrer bei Klassenarbeiten hinter ihnen stehe. Dasselbe wird auch zu Hause passieren. Ihr Kind wird unsicher, nervös, dreht sich immer wieder um. Die Konzentration lässt nach, es wird sich kaum noch auf das Diktat konzentrieren können.

Durch die Bögen unter den Silben soll Ihr Kind lernen, einige seiner Fehler selbst zu entdecken und zu verbessern. So bleibt die richtige Schreibweise besser haften. Wird es den Fehler nicht entdecken, können Sie ihm Hilfestellung geben, damit es den Fehler doch noch herausfindet.

Sieht es den Fehler immer noch nicht, sagen Sie ihm die richtige Schreibweise. Dabei sollte nicht innerhalb des Wortes verbessert werden. Lassen Sie das Wort ordentlich durchstreichen und neu schreiben. Dieses Wort kann durch das schon beschriebene Merkworttraining geübt werden.

Übungsaufbau für das Grundtraining des rhythmisch-silbierenden Mitsprechens

Übungsrahmen: wöchentlich dreimal 15 Minuten oder zweimal 20 Minuten.

Grundtraining

Übungsaufbau (ist für jede Übungseinheit gleich, Wörter vorher festlegen)

1. Trainer sagt ein mehrsilbiges Wort, Schüler schwingt damit ein.
2. Trainer sagt drei Schlangenwörter, Schüler läuft sie sprechschwingend (sprechen, Bewegung, Bögen):
   - mit Stift oder Lieblingstier in der Hand in Schreibrichtung (also immer nach rechts)
   - genau auf Übereinstimmung von Sprechen, Bewegen und Bögen achten. Aussprache genaustens beachten!

3. Die drei Schlangenwörter von Punkt 2 sprechschwingend schreiben (silbierendes-rhythmisches Mitsprechen beim Schreiben).

Danach Kontrolle: Schwungkontrolle der Schlangenwörter jeweils nach dem Schreiben.

4. Zwei Übungssätze diktieren:
   – Sätze abschnittsweise diktieren; Schüler spricht den Satzabschnitt nach, schreibt ihn bei gleichzeitigem rhythmischem Mitsprechen; wenn der ganze Satz geschrieben ist, wird mit den Bögen und dem gleichzeitigen silbierenden rhythmischen Mitsprechen die Schreibweise kontrolliert.

5. Fehler besprechen:
   – Fehler ansehen, markieren und gemeinsam besprechen.

6. Fünf Merkwörter (siehe Erläuterungen zu Merkworttraining) schreiben:
   – erst als Merkworttraining, dann in Übungssätzen.

7. Eventuell ergänzende Leseflüssigkeitsübungen:
   – nur wenn noch Zeit vorhanden ist.

Hinweise für die Praxis

1. Beim Schwingen aufrecht sitzen.
2. *Deutlich* schwingen – tiefe Bögen, weit hinunter- und wieder hinaufziehen.
3. *Deutlich und langsam* sprechen, keine Buchstaben verschlucken, mit deutlicher Sprech-, Atempause.
4. Im Rhythmus des Schwingens langsam schreiben (mit Pausen).

Wichtig!
– Übungsheft anschaffen
– Merkwortheft anschaffen
– Übungen mit Datum versehen
– Gegebenenfalls Belohnungspunkte oder Gutscheine vergeben

Vor der Schule steht
ein alter Baum.
In seinem Gipfel bauen
jedes Jahr
zwei Amseln
ihr Nest.
Eifrig holen sie
in ihren Schnäbeln
kleine Zweige herbei.
Damit stopfen sie
in dem alten Nest
die Löcher.
Nach ein paar Tagen
sind die beiden Vögel
mit ihrer Arbeit fertig.
Jetzt brüten sie
die Eier aus.
Drei Wochen später
hört man
viele kleine Amseln
in dem Nest
piepsen.

Langewörterleseübung

Strampelhosenträger

Pferdepeitschenknallen

Puderzuckerstreuer

Kaugummiautomaten

Rattenfängerpfeife

~~im~~ Sommer

Die Geschwister ~~liegen~~ auf der Wiese. ~~Heute~~ ~~sollen~~ sie mit Hacke und Spaten im Garten arbeiten. (Heuschrecken) hüpfen im Gras
Heuschrecken
herum. Zwei Ziegen springen über den Gartenzaun.

schrecken

Kl. b.

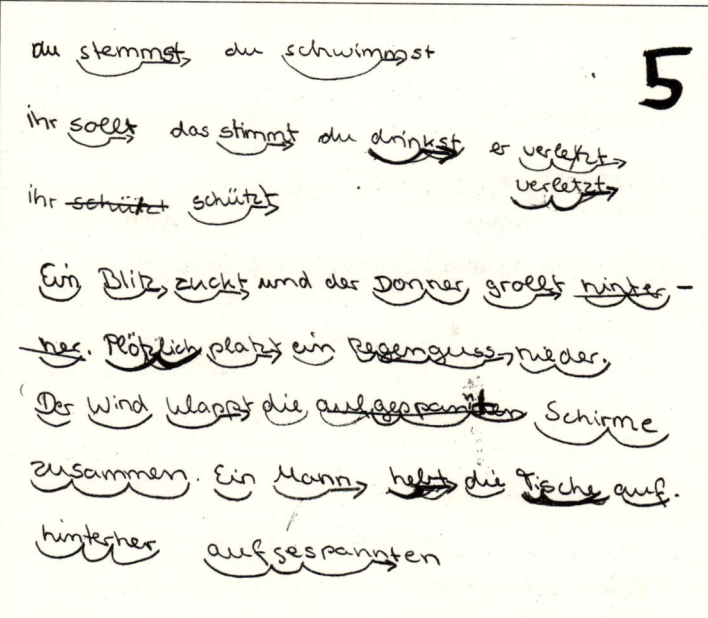

du stemmst, du schwimmst

ihr sollt das stimmt du trinkst er verletzt
verletzt
ihr schützt schützt

Ein Blitz zuckt und der Donner grollt hinterher. Plötzlich platzt ein Regenguss nieder.
Der Wind klappt die aufgespannten Schirme
zusammen. Ein Mann hebt die Tische auf.
hinterher aufgespannten

Diese drei Übungsblätter wurden von Kindern mit Legasthenie
angefertigt.

87

Übungseinheiten für das Grundtraining

1. Übungseinheit

  1. Einschwingen

    Tintenkillerstifte

  2. Drei Schlangenwörter freischwingend laufen

    Suppenteller

    Kellerfenster

    Mittagessen

  3. Drei Schlangenwörter sprechschwingend schreiben
     Wörter siehe Punkt 2

  4. Diktieren – mitschwingen – schreiben

    Die Kinder kommen gerade aus
    der Schule.

    Sie stellen die Teller und Schüsseln
    auf den Tisch.

  5. Fehler besprechen

  6. Fünf Merkwörter nach eigener Wahl schreiben

  7. Eventuell Leseübungen

2. Übungseinheit

1. Einschwingen

Minutenzeiger

2. Drei Schlangenwörter freischwingend laufen

Sattelschlepper

Mausefalle

Regenschirme

3. Drei Schlangenwörter sprechschwingend schreiben
Wörter siehe Punkt 2

4. Diktieren – mitschwingen – schreiben

Die Kinder beginnen sofort mit dem Mittagessen.

Sie essen die Suppe mit den Löffeln aus den Suppentellern.

5. Fehler besprechen

6. Fünf Merkwörter nach eigener Wahl schreiben

7. Eventuell Leseübungen

3. Übungseinheit

1. Einschwingen

   Sekundenzeiger

2. Drei Schlangenwörter freischwingend laufen

   Herrenhemden

   Kerzenflammen

   Bilderbücher

3. Drei Schlangenwörter sprechschwingend laufen
   Wörter siehe Punkt 2

4. Diktieren – mitschwingen – schreiben

   Die ersten Regentropfen fallen auf
   den Boden.

   Alle Menschen spannen ihre
   Regenschirme auf.

5. Fehler besprechen

6. Fünf Merkwörter nach eigener Wahl schreiben

7. Eventuell Leseübungen

4. Übungseinheit

1. Einschwingen

Sommerbadefreude

2. Drei Schlangenwörter freischwingend laufen

Schlittenhunde

Ranzenschnalle

Regenwasser

3. Drei Schlangenwörter sprechschwingend schreiben
Wörter siehe Punkt 2

4. Diktieren – mitschwingen – schreiben

Die Kinder sehen sich die Bilder in
den Bilderbüchern an.

Die Kerzenflammen beleuchten das
dunkle Kinderzimmer.

5. Fehler besprechen

6. Fünf Merkwörter nach eigener Wahl schreiben

7. Eventuell Leseübungen

5. Übungseinheit

1. Einschwingen

Wintersonnenwende

2. Drei Schlangenwörter freischwingend laufen

Schlafzimmerlampe

Kirchenglockenton

Kartoffelpufferpfanne

3. Drei Schlangenwörter sprechschwingend schreiben
Wörter siehe Punkt 2

4. Diktieren – mitschwingen – schreiben

Die Schlittenhunde ziehen den langen
Schlitten durch den tiefen Schnee.

Das Regenwasser sammelt sich
draußen in der Regentonne.

5. Fehler besprechen

6. Fünf Merkwörter nach eigener Wahl schreiben und üben

7. Eventuell Leseübungen

6. Übungseinheit

1. Einschwingen

Suppenkasperteller

2. Drei Schlangenwörter freischwingend laufen

Kellerbretterregale

Milchkannenhenkel

Eilbriefzusteller

3. Drei Schlangenwörter sprechschwingend schreiben
Wörter siehe Punkt 2

4. Diktieren – mitschwingen – schreiben

Im Lampengeschäft stehen viele schöne
und bunte Schlafzimmerlampen.

Viele Kinder essen sehr gerne
gebratene Kartoffelpuffer mit
Apfelmus.

5. Fehler besprechen

6. Fünf Merkwörter nach eigener Wahl schreiben und üben

7. Eventuell Leseübungen

7. *Übungseinheit*

1. Einschwingen

S c h u h r e g a l l a g e r

2. Drei Schlangenwörter freischwingend laufen

H u n d e h ü t t e n t ü r e

K l a p p e r s c h l a n g e n k o p f

R e g e n s c h i r m h ü l l e

3. Drei Schlangenwörter sprechschwingend schreiben
Wörter siehe Punkt 2

4. Diktieren – mitschwingen – schreiben

A u f   d e n   n e u e n   b r a u n e n

B r e t t e r r e g a l e n   s t e h e n   s e h r   v i e l e

g r o ß e   B ü c h e r.

D e r   E i l b r i e f z u s t e l l e r   h a t   e i n

k l e i n e s   g e l b e s   P o s t a u t o   m i t   e i n e m

r o t e n   N u m m e r n s c h i l d.

5. Fehler besprechen

6. Fünf Merkwörter nach eigener Wahl schreiben und üben

7. Eventuell Leseübungen

8. Übungseinheit

1. Einschwingen

Wellensittichfutter

2. Drei Schlangenwörter freischwingend laufen

Kinderspielwiese

Badewasserschaum

Schornsteinfeger

3. Drei Schlangenwörter sprechschwingend schreiben
Wörter siehe Punkt 2

4. Diktieren – mitschwingen – schreiben

Die Hundehüttentüre ist schon
wieder offen.

Die giftige Klapperschlange bewegt
sich öfters auf dem Boden vorwärts.

5. Fehler besprechen

6. Fünf Merkwörter nach eigener Wahl schreiben und üben

7. Eventuell Leseübungen

9. Übungseinheit

1. Einschwingen

Kinderzimmerfenster

2. Drei Schlangenwörter freischwingend laufen

Fortschritte

Gummibärchenverpackung

Kinderschuhladen

3. Drei Schlangenwörter sprechschwingend schreiben
Wörter siehe Punkt 2

4. Diktieren – mitschwingen – schreiben

Auf der grünen Kinderspielwiese
spielen viele Kinder gemeinsam.

Der Schornsteinfeger zieht sein
schwarzes Herrenhemd an.

5. Fehler besprechen

6. Fünf Merkwörter nach eigener Wahl schreiben und üben

7. Eventuell Leseübungen

10. Übungseinheit

1. Einschwingen

Kletterstangenbretter

2. Drei Schlangenwörter freischwingend laufen

Nachtigallengesang

Teppichbodenbelag

Zipfelmützenträger

3. Drei Schlangenwörter sprechschwingend schreiben
Wörter siehe Punkt 2

4. Diktieren – mitschwingen – schreiben

Ich mache in der Rechtschreibung
schon riesige Fortschritte.

Der Kinderschuhladen in der Stadt
hat viele tolle Schuhe.

5. Fehler besprechen

6. Fünf Merkwörter nach eigener Wahl schreiben und üben

7. Eventuell Leseübungen

11. Übungseinheit

1. Einschwingen

   Federkernmatratze

2. Drei Schlangenwörter freischwingend laufen

   Gummistiefelputzer

   Regenwassertropfen

   Schlüsselblumenwiese

3. Drei Schlangenwörter sprechschwingend schreiben
   Wörter siehe Punkt 2

4. Diktieren – mitschwingen – schreiben

   Ich freue mich heute sehr auf den
   schönen Gesang der Nachtigallen.

   Der lilafarbene Teppichbodenbelag
   ist immer noch defekt.

5. Fehler besprechen

6. Fünf Merkwörter nach eigener Wahl schreiben und üben

7. Eventuell Leseübungen

12. Übungseinheit

1. Einschwingen

Tennisschlägerhülle

2. Drei Schlangenwörter freischwingend laufen

Geburtstagsfeier

Weihnachtskuchenform

Hochzeitsglocken

3. Drei Schlangenwörter sprechschwingend schreiben
Wörter siehe Punkt 2

4. Diktieren – mitschwingen – schreiben

Dicke Regenwassertropfen klatschen

gegen die durchsichtigen

Fensterscheiben.

Ich ziehe meine grünen

Gummistiefel an und renne über

die nassen Wege.

5. Fehler besprechen

6. Fünf Merkwörter nach eigener Wahl schreiben und üben

7. Eventuell Leseübungen

Training zum Weiterschwingen

Bei diesem Training zum Weiterschwingen lernt Ihr Kind die Endungen von Wörtern richtig zu schreiben.

Die Frage, ob das Wort „*auflebend*" am Ende mit „*d*" oder „*t*" geschrieben wird oder ob das Wort „*kaputt*" mit zwei „*t*" endet, erklärt sich durch das Weitersprechen und -schwingen der Wortenden:

a u f l e b e n d e s   bzw.   k a p u t t e

Dadurch wird, bei richtiger Betonung von „*d*" bzw. „*t*" deutlich, wie das Wort endet.

Bevor mit dem Training begonnen wird, sollten Sie Ihrem Kind den Sinn dieser Übungen anhand zweier Beispiele erklären.

Schreiben Sie dazu das Wort „*bunt*" auf ein Blatt Papier bei gleichzeitigem Mitsprechen. Anschließend setzen Sie unter das Wort „*bunt*" einen Bogen. Sagen Sie laut: *„Ich verlängere das Wort* „bunt" *zu* „bun te." Danach erweitern Sie den Bogen mit einem Pfeil bis unter das „*e*".

Beispiel:

1. laut sprechen und schreiben   2. Bogen setzen

   b u n t   b u n t

3. Wort sprechend verlängern
   mit Pause   4. Bogen erweitern mit Pfeil

   b u n t e   b u n t e

Sagen Sie laut: „Das Wort „*bunt*" wird am Ende mit „*t*" geschrieben."

Machen Sie dasselbe noch einmal mit dem Wort „*hell*".

1. laut sprechen und schreiben   2. Bogen setzen

   h e l l   h e l

3. Wort sprechend verlängern
   mit Pause

                        4. Bogen erweitern mit Pfeil

   h e l l e   h e l l e

Sagen Sie laut: „Das Wort „*hell*" wird am Ende mit zwei „*l*"
geschrieben."

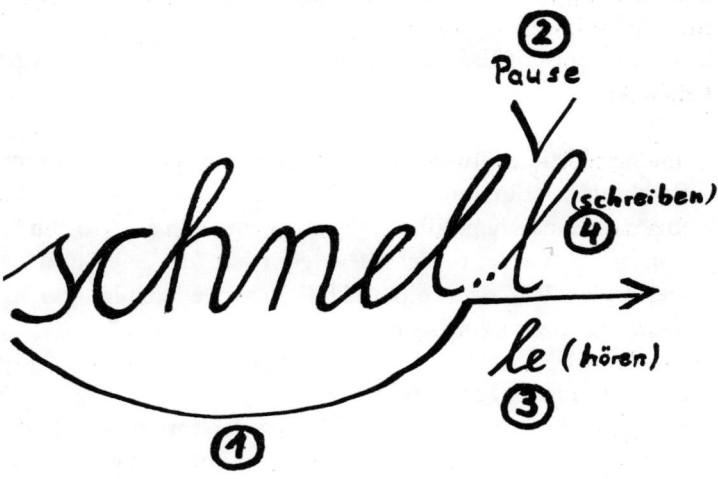

103

Lassen Sie sich anhand von zwei Beispielen (z. B. Zwerg, schnell) zeigen, ob Ihr Kind die Übungen verstanden hat. Notfalls müssen Sie diese mit weiteren Beispielen noch einmal demonstrieren. Erst wenn alles verstanden ist, sollten Sie mit dem eigentlichen Training beginnen. Die Verlängerung des Wortes soll Ihr Kind selber finden. Nicht immer wird einfach ein „e" an das Wort gehängt. Öfters wird nach Mehrzahl, Wortstämmen oder auch Verben gesucht werden (Mann – Männer, begann – beginnen, Galopp – galoppieren).

Aber auch innerhalb eines Wortes kann es manchmal sinnvoll sein, weiter zu schwingen (Rollschuhe – Roll(e)schuhe).

Falls Ihr Kind die Wortverlängerung nicht selbst findet, sollten Sie ihm dabei helfen.

Übungsaufbau

Der Übungsaufbau ist wieder für jede Übungseinheit gleich. Legen Sie die Übungswörter vorher fest.

1. Trainer sagt ein Wort vor

2. Schüler spricht das Wort nach und sagt: *„Ich verlängere „. . ." zu „. . .".*

3. Trainer diktiert fünf Wörter. Schüler schreibt sie bei lautem rhythmisch-silbierendem Mitsprechen jeweils auf. Er setzt unter die einzelnen Silben Bögen. Wenn er an das Wortende kommt, sagt er laut: *„Ich verlängere „. . ." zu „. . ."* und erweitert den Bogen mit einem Pfeil. Er sagt wieder laut: *„Das Wort „. . ." wird am Ende mit „. . ." geschrieben."*

4. Zwei Übungssätze diktieren
   Sätze abschnittsweise diktieren, Schüler spricht den Satzabschnitt nach und schreibt ihn bei gleichzeitigem rhyth-

mischem Mitsprechen auf. Wenn der ganze Satz geschrieben ist, wird mit den Bögen und dem gleichzeitigen rhythmisch-silbierenden Mitsprechen und der Verlängerung der Bögen die Schreibweise kontrolliert. Bei den kursiv geschriebenen Wörtern wird weitergeschwungen.

5. Fehler besprechen
   Fehler ansehen, markieren, gemeinsam besprechen

6. Fünf Merkwörter (siehe Erläuterungen zu Merkworttraining) aufschreiben

7. Eventuell ergänzende Leseflüssigkeitsübungen:
   nur wenn noch Zeit vorhanden ist

Sechs Übungseinheiten für das Weiterschwingen

1. Übungseinheit
   1. Wort vorsprechen

   f l o t t

   2. Nachsprechen und verlängern

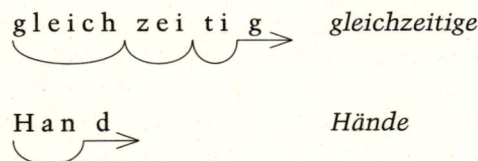

   3. Fünf Wörter schreiben und verlängern

105

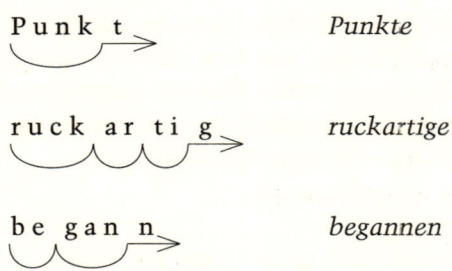

Punkt → *Punkte*

ruck ar ti g → *ruckartige*

be gan n → *begannen*

4. Zwei Übungssätze diktieren

De i n *Fort schrit t* (Fortschritte) i n d e r

Rechtschreibung ist *tol l* (tolle) u n d

ein großer *Er fol g* (Erfolge).

So *stan d* (standen) es unter meiner

Eng lisch ar bei t (Englischarbeiten) in

meinem *Hef t* (Heften).

5. Fehler besprechen

6. Fünf Merkwörter aufschreiben und üben

7. Eventuell ergänzende Leseflüssigkeitsübungen

2. Übungseinheit

1. Wort vorsprechen

k n a p p

2. Nachsprechen und verlängern

k n a p p   →   *knappe*

3. Fünf Wörter schreiben und verlängern

l e b e n d i g   *lebendige*

a u f r e g e n d   *aufregende*

S t r a n d   *Strände*

A r b e i t   *arbeiten*

q u ä l e n d   *quälende*

4. Zwei Übungssätze diktieren

E r n i m m t d e n T e l e f o n h ö r e r *r u c k -
a r t i g (ruckartige)* i n d i e *H a n d (Hände)*.

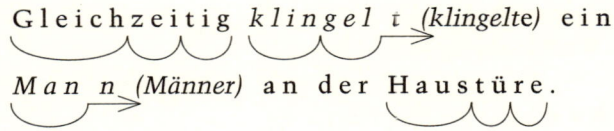

Gleichzeitig *klingel* t *(klingelte)* ein

Man n *(Männer)* an der Haustüre.

5. Fehler besprechen

6. Fünf Merkwörter aufschreiben und üben

7. Eventuell ergänzende Leseflüssigkeitsübungen

3. *Übungseinheit*

   1. Wort vorsprechen

     h a l t

   2. Nachsprechen und verlängern

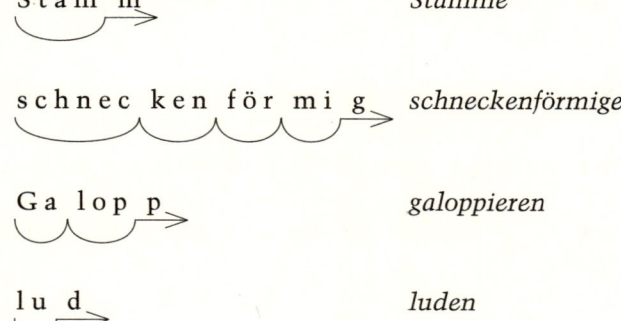

     h a l t   →   *halten*

   3. Fünf Wörter schreiben und verlängern

     S t a m m   *Stämme*

     s c h n e c k e n f ö r m i g *schneckenförmige*

     G a l o p p   *galoppieren*

     l u d   *luden*

a u f   s t r e   b e n   d →   *aufstrebende*

4. Zwei Übungssätze diktieren

E s   i s t   s e h r   *a u f   r e   g e n   d* *(aufregende)*

ü b e r   d e n   g r o ß e n   w e i t e n   *S t r a n   d*

(Strände) z u   r e n n e n .

D i e   *A r b e i   t* *(Arbeiten)* a u f   d e m   *F e l   d*

(Felder) i s t   f ü r   d e n   *L a n d   w i r   t*

(Landwirte) o f t   s e h r   *a n   s t r e n   g e n   d*

(anstrengende).

5. Fehler besprechen

6. Fünf Merkwörter aufschreiben und üben

7. Eventuell ergänzende Leseflüssigkeitsübungen

4. Übungseinheit
  1. Wort vorsprechen

    S e g e l f l u g z e u g

  2. Nachsprechen und verlängern

Se gel flug zeu g → *Segelflugzeuge*

3. Fünf Wörter schreiben und verlängern

S c h i l d *Schilder*

P u n k t *Punkte*

v e r sin kt *versinken*

s o l lt *sollen*

s u m mt *summen*

4. Zwei Übungssätze diktieren

D e r *B a u m st a m m (Baumstämme)*

lie gt (liegen) s c h o n s e h r l a n ge auf

d e m *W a l d bo d e n (Wälderboden)* u n d

v e r mo d e r t (vermoderte).

Z u mei n e m *G e b u r t s ta g (Geburtstage)*

lu d (luden) i c h m e h r a l s n u r e i n

K i n d (Kinder) e i n.

5. Fehler besprechen

6. Fünf Merkwörter aufschreiben und üben

7. Eventuell ergänzende Leseflüssigkeitsübungen

5. Übungseinheit
1. Wort vorsprechen

   s c h w i m m t

2. Nachsprechen und verlängern

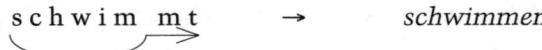

   s c h w i m m t   →   *schwimmen*

3. Fünf Wörter schreiben und verlängern

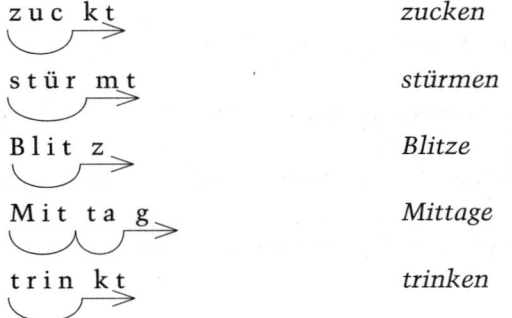

   z u c k t   *zucken*

   s t ü r m t   *stürmen*

   B l i t z   *Blitze*

   M i t t a g   *Mittage*

   t r i n k t   *trinken*

4. Drei Übungssätze diktieren

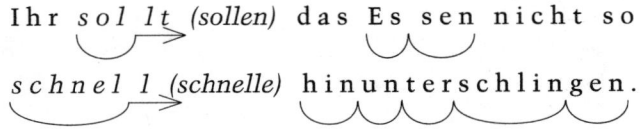

   I h r *s o l l t* *(sollen)* d a s E s s e n n i c h t s o

   s c h n e l l *(schnelle)* h i n u n t e r s c h l i n g e n .

Der Junge ren nt (rennen) zu dem

Schil d (Schilder).

Nach dem starken Regen *versin kt*
(*versinken*) alles im Schlamm.

5. Fehler besprechen

6. Fünf Merkwörter aufschreiben und üben

7. Eventuell ergänzende Leseübungen

6. Übungseinheit
1. Wort vorsprechen

tollpatschig

2. Nachsprechen und verlängern

toll pat schi g → *tollpatschige*

3. Fünf Wörter schreiben und verlängern

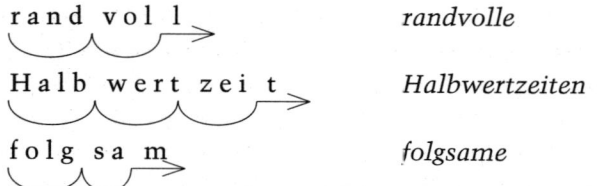

rand vol l *randvolle*

Halb wert zei t *Halbwertzeiten*

folg sa m *folgsame*

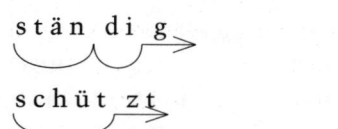

stän di g   *ständige*

schüt zt   *schützen*

4. Übungssätze diktieren

Ein Blit z (Blitze) zuc kt (zucken) und der
Donner grol lt (grollen) hinterher.

Plötzlich stür mt (stürmen) die Mutter
in das Wohnzimmer.

Auch zum *Mitta g es sen* (Mittage essen)
trin kt (trinken) das *Kind* (Kinder) ein
Mineralwasser *voll stän di g*
(volleständige) aus.

5. Fehler besprechen

6. Fünf Merkwörter aufschreiben und üben

7. Eventuell ergänzende Leseflüssigkeitsübungen

Ist das Weiterschwingen verstanden, können Sie die Schritte
1–3 wegfallen lassen.

Gehen Sie in diesem Fall dazu über, nur noch Sätze zu diktieren. Es ist auch jetzt nicht mehr notwendig, dass Ihr Kind die Wörter laut mitliest. Versuchen Sie es dazu zu bringen, die Wörter in Gedanken mitzusprechen, wenn es die Bögen oder die Verlängerung darunter setzt. Wenn es noch unsicher ist, lassen Sie es weiterhin laut mitsprechen und versuchen Sie es später noch einmal ohne das laute Mitsprechen.

Im Folgenden kommen nur noch Sätze, bei denen das bis jetzt Gelernte angewendet wird. Diese Sätze sind nicht mehr in einzelne Übungseinheiten aufgeteilt. Versuchen Sie herauszufinden, wie viele Sätze Sie in den 15 Minuten diktieren und besprechen können. Ihr Kind soll beim Schreiben laut oder in Gedanken rhythmisch mitsprechen, nach jedem Satz die Bögen unter die Silben setzen und gegebenenfalls im Wortinneren oder am Wortende verlängern.

Sätze zum Diktieren

- Von der anstrengenden *Arbeit* auf dem Getreide*feld* ist der *Landwirt* müde und *schlapp*.
- Der *Weitspringer freut* sich sehr über seinen tollen *Erfolg*.
- Wir besitzen einen *Hund*. Sein *Fell* ist nicht *gelb,* sondern weiß und schwarz.
- Die Hundehütte haben meine Eltern in keinem *Geschäft gekauft* sondern selbst *gebaut*.
- Damit die Katze weich liegen *kann,* bekommt sie eine Decke in ihr Körbchen.
- Wenn ihr *wollt, könnt* ihr draußen auf dem Holztisch essen.
- In der freien Natur *schmeckt* das Essen am besten.
- Um das *Mittagessen* einzunehmen, brauchst du einen Löffel, eine Gabel und ein Messer.
- Es *donnert, blitzt* und *stürmt*.
- Bei einem großen Sturm *nützt* eine Strickmütze *wenig*.
- Der Schornsteinfeger *kommt* am *Montag* und *fegt* den Schornstein sauber.

114

- Der *Wind klappt* die *aufgespannten* Regenschirme zusammen.
- Plötzlich *platzt* ein Regenschauer nieder.
- Die Sonne *versinkt* am Horizont und der Himmel *wird* ganz *rot*.
- Er *hetzt ständig* hin und her und *kommt* nicht zur Ruhe.
- Das Bächlein *rinnt* den *Berg* herunter.
- Du streichst die *Wand* ganz *toll* in schönen bunten Farben.
- *Folgsam nimmt* die Schülerin ihr *Heft* in die *Hand* und *legt* es auf den Tisch.
- Die *Klapptür quietscht entsetzlich*, wenn man sie rückwärts *öffnet*.
- Das *Kind* geht in das *Schwimmbad*.
- Es *springt* von dem *Sprungbrett* in das tiefe Wasser.
- Die *Bergspitze* ist überhaupt nicht mehr zu sehen.
- Der *goldgelb* schillernde Wellensittich pfiff *lebhaft* in seinem *Käfig*.
- Der *Hund schlabbert* gerne *quellfrisches* Wasser aus seiner Hundeschüssel.
- Mit *Gebrüll stürzt* er an dem Seil hinab.
- Wir müssen aufpassen, dass wir den *Zug* nicht verpassen.

**Übungseinheiten für die Anwendung
von „ss" oder „ß"**

Sie können jetzt noch die Anwendung von „ss" oder „ß" einüben.

Die Regeln nach der neuen Rechtschreibung lauten:
– nach kurzem Vokal steht „ss"
– nach Doppelvokalen wie z.B. ei, eu, au steht „ß"
– nach langen Vokalen steht „ß".

Diese neue Regel können Sie folgendermaßen einüben:

Sagen Sie Wörter vor, Ihr Kind wiederholt sie und sagt jedes Mal, ob der Vokal lang oder kurz ist oder ob ein Doppelvokal da ist. Anschließend werden die Wörter mit Bögen und rhythmisch-silbierendem Mitsprechen (gedanklich oder laut) geschrieben. Danach werden Sätze diktiert. Ihr Kind schreibt diese Sätze bei gleichzeitigem rhythmisch-silbierendem Mitsprechen auf. Bögen und Wortverlängerungen werden gesetzt.

Übungsaufbau
1. Wort sagen
2. Schüler wiederholt das Wort
- Nach kurzem Vokal ss
- Nach langem Vokal ß
- Nach Doppelvokal ß
3. Schüler schreibt sprechend oder gedanklich schwingend das Wort auf
4. Bögen setzen
5. Fehler besprechen, Merkworttraining
6. Vier weitere Wörter nach 1.–5. bearbeiten
7. Drei Sätze diktieren

1. Übungseinheit
1.–6.:   Fass, Straße, nass, isst, außer

7. Die Mutter freut sich sehr über den schönen bunten Strauß mit Blumen.
   Johannes vergisst immer wieder, dass die Schokoladentorte sehr süß schmeckt.
   Die Ofenplatte ist heiß genug, um den großen Topf mit den Kartoffeln zu erwärmen.

2. Übungseinheit
1.–6.:   lässt, muss, Kuss, Fuß, schließen

7. Das Fass ist bis an den Rand mit Wasser gefüllt.
   Die Regentropfen haben die Straße sehr nass gemacht.
   Der Junge isst seine Suppe vollständig auf.

3. Übungseinheit
1.–6.:   musst, fasst, weiß, heißen, fließt

7. Du musst das Gartentor immer fest schließen.
   Der Fußballspieler hat sich außer dem Fuß nichts gebrochen.
   Das Enkelkind gibt der Großmutter einen Kuss.

4. Übungseinheit
1.– 6.:   groß, bloß, presst, gewiss, passt

7. Der Schüler weiß, dass er noch für die Klassenarbeit lernen
   muss.
   Der Fluss fließt sehr langsam.
   Der Hund fasst den Stock und bringt ihn zurück.

5. Übungseinheit
1.–6.:   blass, frisst, Soße, beißen, schießen

7. Die Jacke passt dem Vater nicht, denn sie ist zu groß.
   Die großen Äpfel werden zu Apfelsaft gepresst.
   Der Unternehmer entlässt den Mitarbeiter, der immer alles
   vergisst.

6. Übungseinheit
1.–6.:   Strauß, süß, heiß, vergisst, Hass

7. Das Gesicht des Kindes ist sehr blass, denn es ist krank.
   Die Katze frisst die Soße auf.
   Im Schützenverein schießt jeder auf eine Scheibe.

Die Leseschablone

Untersuchungen haben gezeigt, dass legasthene Kinder teilweise auch deshalb keinen leichten Zugang zum Lesen finden, weil sie mit dem harten Kontrast der schwarzen Schrift auf weißem Untergrund nicht zurechtkommen. Dagegen sind ein helles Blau, Gelb oder Rosa für sie angenehmere Farben.

Der Kärtner Landesverband für Legasthenie hat deshalb eine ganz spezielle Leseschablone entwickelt. Die vier durchsichtigen Ecken der Schablone bestehen aus den drei hellen Farben Blau, Rosa und Gelb und aus einer klaren, durchsichtigen Ecke. Ihr Kind kann nun die Farbe herausfinden, die es am angenehmsten empfindet und mit dieser lesen. . So wird der harte Kontrast schwarz – weiß abgemildert. Das zu lesende Wort wird farbig hervorgehoben und vom restlichen Text abgegrenzt. Gleichzeitig dient sie als Hilfsmittel, um in den Zeilen nicht zu verrutschen.

Viele dieser Kinder bevorzugen nach unseren Erfahrungen die blaue Ecke. Untersuchungen bestätigen dies. In Österreich arbeiten ganze Schulklassen sehr erfolgreich mit dieser Schablone. Auch in unserer Lernpraxis machen wir positive Erfahrungen. Es ist zu beobachten, dass legasthene Menschen Texte, die aus blauen Wörtern auf weiß gedrucktem Papier bestehen, besser lesen können.

So wird mit der Schablone gelesen: Das Kind soll mit jeder der vier Farben ein Stück lesen und erst dann entscheiden, welche Ecke (welche Farbe) es bevorzugt. Diese Ecke wird auf das zu lesende Wort gelegt. Je nach Lesefähigkeit wird nun entweder jeder einzelne Buchstabe oder das ganze Wort aufgedeckt und laut gelesen. Dabei wird die Schablone immer weiter nach rechts geschoben und zwar in dem Tempo, in dem das Kind liest.

Bestelladressen:

Die Leseschablone, die im Kapitel „Wortlistentraining" beschriebenen „100 Fehlerwörter" auf Karteikarten und die dazugehörige Lernbox können Sie bestellen bei:

SchulLeBen – K. Dürre
Tel./Fax: 07948/940115

Pädagogik-Shop – R. Dürre
Tel.: 07951/962389Fax: 07951/96242

www.schulleben.com

www.paedagogik-shop.de

Anhang

Die Erlasse der einzelnen Bundesländer

In meinen Vorträgen über das rhythmisch-silbierende Mitsprechen habe ich immer wieder festgestellt, dass viele Eltern
den Erlass ihres Bundeslandes zur Lese-Rechtschreibförderung
nicht kannten. Sie wussten nicht, welche Möglichkeiten sie
haben, wenn sie der Meinung sind, ihr Kind leide unter einer
starken Lese-Rechtschreibschwäche. Sie kannten außer dem
Klassenlehrer oder Deutschlehrer keine weiteren Ansprechpartner für LRS wie z.B. Beratungslehrer, speziell ausgebildete
LRS-Lehrer oder schulpsychologische Dienste, bzw. Beratungsstellen, je nach Bundesland. Dies ist der Grund für meine Entscheidung, die momentan gültigen Erlasse bzw. Verwaltungsvorschriften der einzelnen Bundesländer zumindest als kurze
Zusammenfassung in dieses Buch mit aufzunehmen. Damit
es den Rahmen dieses Buches nicht sprengt, habe ich mich auf
die wichtigsten Aussagen der einzelnen Erlasse bzw. Verwaltungsvorschriften beschränkt.

Sollten Sie genauere Informationen benötigen, so können
Sie sich an Ihre Schule wenden, die den für Sie gültigen Erlass
bzw. die gültige Verwaltungsvorschrift hat oder auch an die jeweiligen Landesverbände für Legasthenie, deren Adressen über
den Bundesverband zu erfahren sind. Hierbei ist zu berücksichtigen, dass dies der Stand von Mai 2000 ist.

Ansprechpartner für Sie sollte in erster Linie der Klassen-
bzw. der Deutschlehrer Ihres Kindes sein.

Je nach Bundesland gibt es für Sie aber noch weitere Ansprechpartner wie Beratungslehrer oder speziell ausgebildete Lehrer für Legasthenie. Des Weiteren existieren Schulpsychologische Dienste bzw. Beratungsstellen, die Ihnen auch weiterhelfen können. Die Adressen müssten Sie über Ihre Schule erfahren oder eventuell dem Telefonbuch entnehmen können. Aber auch Sonderschullehrer könnten für Sie Ansprechpartner sein.

Die förmliche Anerkennung einer Legasthenie bei Ihrem Kind ist nicht die Voraussetzung für schulische Maßnahmen. Um geeignete schulische Förderung zu erhalten, müssen Sie in der Regel einem Eintrag im Zeugnis zustimmen. Wichtig ist auch noch, dass die Erziehungsberechtigten über die Fördermaßnahmen informiert werden müssen.

Bezüglich einer Versetzung in die nächste Jahrgangsstufe oder eines Wechsels in eine weiterführende Schule darf eine anerkannte Legasthenie kein Hinderungsgrund sein. Die Schule entscheidet dies in pädagogischer Verantwortung. Hierbei ist u.a. auch die Frage von Bedeutung, ob von dem Schüler eine erfolgreiche Teilnahme am Unterricht der nächsten Jahrgangsstufe oder der aufnehmenden Schule zu erwarten ist. Voraussetzung hierfür ist wiederum der Eintrag in das Zeugnis.

Die einzelnen Erlasse habe ich den Veröffentlichungen in den Amtsblättern der Kultusminister der jeweiligen Bundesländer entnommen.

Baden-Württemberg

Die Verwaltungsvorschrift des Landes Baden-Württemberg zur Förderung von lese- und/oder rechtschreibschwachen Schülern besagt, dass der Deutschlehrer schon im Laufe des 1. Schuljahres genaue Beobachtungen zum laut- und schriftsprachlichen, kognitiven, emotionalen, sozialen und motorischen Entwicklungsstand des Schülers durchführen muss. Diese Beobachtungen sind der Ausgangspunkt für Fördermaßnahmen. Bei Bedarf kann der zuständige Beratungslehrer der Schule, ein Sonderschullehrer oder die zuständige Schulpsychologische Beratungsstelle des Oberschulamtes hinzugezogen werden. Der Schulleiter ist für die Einhaltung und Koordination des Verfahrens verantwortlich. Neben der Feststellung der Erscheinungsformen durch Fehleranalysen und normorientierte Tests ist auch die Klärung der Ursache von LRS von großer Bedeutung.

Gefördert werden soll bei Bedarf schon in den Klassen 1 und 2. Der Bildungsplan der Grundschule führt eine Reihe von Maßnahmen dazu auf. Diese allgemeinen Fördermaßnahmen sollen zuerst einmal klassenintern stattfinden durch differenzierten Unterricht. Sollten diese Fördermaßnahmen nicht ausreichen, sind von der Schule besondere Fördermaßnahmen einzuleiten. Diese werden zusätzlich zum Deutschunterricht durch zwei, in Ausnahmefällen durch drei Förderstunden pro Woche gehalten. Die Fördergruppen sind klassenintern, klassenübergreifend und bei Bedarf jahrgangs- oder sogar schulübergreifend zu bilden mit einer Teilnehmerzahl von mindestens vier Schülern. Die dafür notwendigen Lehrerstunden sind dem Ergänzungsbereich zu entnehmen. In einer Klassenkonferenz erfolgt die Abstimmung zwischen Deutsch- und Förderunterricht sowie die Information der anderen Fachlehrer, um eine angemessene Berücksichtigung in allen Fächern, insbesondere in den Fremdsprachen sicherzustellen.

Sollten in einer Jahrgangsstufe mindestens zehn Schüler sein, die besonderer Fördermaßnahmen bedürfen, so kann eine spezielle Klasse für sie eingerichtet werden. So eine Klasse kann auch schulübergreifend an einer zentral gelegenen Schule errichtet werden. Die Entscheidung, welcher Schüler förderbedürftig ist, trifft die Klassenkonferenz unter Vorsitz des Schulleiters. Bei Bedarf kann der zuständige Beratungslehrer, ein Sonderschullehrer oder die Schulpsychologische Beratungsstelle hinzugezogen werden. Kriterien für die Förderbedürftigkeit sind in den Klassen 1 und 2, wenn die notwendigen Voraussetzungen zum Lesen- und/oder Schreibenlernen fehlen oder wenn die grundlegenden Ziele des Lese- und/oder Rechtschreibens nicht erreicht wurden.

In den Klassen 3–6 besteht eine Förderbedürftigkeit, wenn die Leistungen im Lesen und/oder Rechtschreiben dauerhaft geringer als ausreichend sind. Nach Klasse 6 ist eine Förderung nur noch in begründeten Einzelfällen möglich. Die Fördermaßnahmen sind in der Regel zu beenden, wenn die Leistung des Schülers mindestens sechs Monate lang den Anforderungen der Klassenstufe entspricht und dies auch in Zukunft gewährleistet ist.

Bei Schülern, bei denen eine Lese- und/oder Rechtschreibschwäche festgestellt wurde, kann der Lehrer im Einzelfall bei schriftlichen Arbeiten oder Diktaten eine andere Aufgabe stellen, die eher geeignet ist, einen individuellen Lernfortschritt zu dokumentieren. Er kann aber auch mehr Zeit zur Verfügung stellen oder den Umfang der Arbeit begrenzen. Die Rechtschreibleistungen sind nicht in die Beurteilung von Arbeiten einzubeziehen, außer bei Nachschriften. Liegen diese Nachschriften unter „ausreichend" so sind diese durch eine Leistungsbeschreibung zu erläutern. Die Lese- und/oder Rechtschreibleistungen sind im Fach Deutsch zurückhaltend zu gewichten. Diese Gewichtung liegt in der pädagogischen Verantwortung des Deutschlehrers. Bei dem Übergang in Klasse 5 einer weiterführenden Schule ist das Lern- und Arbeitsverhalten, Art und Ausprägung der schulischen Leistungen sowie die bisherige Entwicklung des Schülers zu berücksichtigen. In einem Beiblatt zur Grundschulempfehlung können mit dem Einverständnis der Erziehungsberechtigten die festgestellte LRS-Schwäche und die durchgeführten Fördermaßnahmen dokumentiert werden.

Bayern

In den neuen Richtlinien vom November 1999 unterscheidet das Ministerium zwischen einer Lese- und Rechtschreibstörung mit teilweise hirnorganisch bedingten, gravierenden Wahrnehmungs- und Aufmerksamkeitsstörungen (Legasthenie) und einer vorübergehenden Lese- und Rechtschreibschwäche, die in mehr oder minder starker Ausprägung eine Verzögerung im individuellen Lese- und Schreiblernprozess darstellt (LRS). Außerdem sind noch zusätzliche Erscheinungsformen der Lese- und Rechtschreibschwäche bei Schülern mit sonderpädagogischem Förderbedarf zu unterscheiden. Grundsätzlich hat jede Lehrkraft zu Beginn der Jahrgangsstufe 1 die Ausgangslage eines jeden Schülers für den Erwerb der Schriftsprache festzustellen und zu berücksichtigen. Hat ein Schüler die notwendigen Voraussetzungen noch nicht erworben, müssen diese im Anfangsunterricht systematisch entwickelt werden, bevor mit dem Lese- und Schreiblernprozess begonnen wird.

Treten in der Grundschule beim Erlernen der Schriftsprache Schwierigkeiten auf, so soll durch differenzierten Unterricht sowie in den in der Stundentafel für die Grundschule besonders ausgewiesenen Förderstunden oder nach der Schulordnung möglichen zusätzlichen Förderkursen versucht werden, diese zu vermindern oder zu beheben. Die Fördermaßnahmen werden in der Regel vom Klassenlehrer durchgeführt. Ab der Jahrgangsstufe 2 der Grundschule wie auch in den Jahrgangsstufen in der Hauptschule können klassenübergreifende Stütz- und Förderkurse gebildet werden. In der Jahrgangsstufe 1 der Grundschule ist eine Ausgliederung zu vermeiden. Geeignete Fördermaßnahmen können bis einschließlich Jahrgangsstufe 10 durchgeführt werden. Beratungslehrkräfte und Schulpsychologen können die Beobachtungen der Schule durch gezielte Untersuchungen ergänzen, sofern es nicht angebracht erscheint, ein medizinisches Gutachten einzuholen. Schüler mit einer Lese-Rechtschreibschwäche oder einer anerkannten Legasthenie unterliegen grundsätzlich an allen allgemeinbildenden Schulen und beruflichen Schulen den für alle Schüler geltenden Maßstäben der Leistungsbewertung.

Die Legasthenie muss durch ein fachärztliches Gutachten bestätigt werden, soll sie bei Benotung Berücksichtigung finden. Ist dieses Gutachten erforderlich, verweist Sie die Schule an einen Facharzt für Kinder- und Jugendpsychiatrie, der in

Zusammenwirken mit einem im Schuldienst tätigen Schulpsychologen der jeweiligen Schulart dieses Gutachten erstellt. Beim Übertritt in eine weiterführende Schule ist dieses Gutachten gegebenenfalls neu auszustellen oder zu bestätigen.

Die Anerkennung einer Lese-Rechtschreibschwäche erfolgt durch den örtlich zuständigen staatlichen Schulpsychologen. Spätestens nach zwei Schuljahren sind die erreichten Verbesserungen einer vorübergehenden Lese-Rechtschreibschwäche durch den Schulpsychologen zu überprüfen. Die Berücksichtigung einer Lese-Rechtschreibschwäche endet in der Regel mit Abschluss der Jahrgangsstufe 10.

Bei der Leistungsfeststellung wird zwischen Schülern mit einer anerkannten Legasthenie und Schülern mit einer vorübergehenden Lese-Rechtschreibschwäche unterschieden. Schüler mit einer anerkannten Legasthenie sind von der Teilnahme an schriftlichen Leistungserhebungen, die ausschließlich der Feststellung der Rechtschreibkenntnisse dienen, zu befreien. Sie können aber freiwillig daran teilnehmen. In diesem Fall erfolgt keine Benotung, sondern eine verbale Beurteilung bezogen auf die Lernfortschritte und auf weiterführende Übungen. Hat ein Schüler eine anerkannte Lese-Rechtschreibschwäche, so liegt es im Ermessen der Lehrkraft, die Leistungserhebung dem aktuellen Leistungsstandard des einzelnen Schülers anzupassen. Mündliche und schriftliche Übungen, Klassenarbeiten und informelle Verfahren sind ebenso zur Feststellung des individuellen Lernfortschritts heranzuziehen wie Beobachtungen über das Lese- und Schreibverhalten des Schülers, ob und wie er Hilfsmittel gebraucht und wie er sich in Partner- und Gruppenarbeit zurechtfindet.

Da sich eine Legasthenie bzw. eine Lese-Rechtschreibschwäche auch auf andere Fächer auswirken kann, müssen Schüler mit einer festgestellten Legasthenie bei schriftlichen Leistungsfeststellungen in Proben, Schulaufgaben und Prüfungen in allen Fächern einen Zeitzuschlag erhalten, gegebenenfalls bis zur Hälfte der regulären Arbeitszeit.

Bei Schülern mit einer anerkannten Lese-Rechtschreibschwäche kann dieser Zeitzuschlag gewährt werden. Dieser wird vom Schulleiter nach Empfehlung der fachlich zuständigen Lehrkräfte festgelegt. Bei der Leistungsbewertung im Fach Deutsch fließt bei einer anerkannten Legasthenie die Bewertung des Lesens und Rechtschreibens nicht in die Deutschnote mit ein.

Liegt eine anerkannte Lese-Rechtschreibschwäche vor, so können die Leistungen im Lesen und Rechtschreiben zurückhaltend gewichtet werden. In das Zeugnis ist die Bemerkung: „Auf Grund einer vorübergehenden Lese-Rechtschreibschwäche wurden die Leistungen im Lesen und Rechtschreiben zurückhaltend gewertet" aufzunehmen. Bei diesen Schülern darf die Bewertung der Rechtschreibleistungen bei Aufsätzen, Niederschriften, Protokollen u. a. nicht in die Benotung einfließen.

Ebenso ist in den Fremdsprachen bei Schülern mit anerkannter Legasthenie von einer ziffermäßigen Bewertung des Lesens und Rechtschreibens abzusehen. Hier sind schriftliche und mündliche Leistungen im Verhältnis 1:1 zu gewichten. Dies ist im Zeugnis zu vermerken.

Auch in allen anderen Fächern darf bei einer festgestellten Legasthenie bzw. Lese-Rechtschreibschwäche die mangelnde Rechtschreibleistung nicht in die Notengebung einfließen Bei anerkannter Legasthenie bzw. Lese-Rechtschreibschwäche darf diese nicht den Ausschlag für eine Nichtversetzung in die nächste Jahrgangsstufe sein. Die Schule entscheidet dies in pädagogischer Verantwortung.

Bei einem Wechsel in eine weiterführende Schule ist die aufnehmende Schule über die festgestellte Legasthenie bzw. Lese-Rechtschreibschwäche zu informieren.

Die anerkannte Teilleistungsschwäche darf kein Hinderungsgrund sein, eine weiterführende Schule zu besuchen, sofern gewährleistet ist, dass der Schüler an der gewählten Schulart mit Erfolg am Unterricht teilnehmen kann.

Bezüglich des Abschlusszeugnisses einer Schulart wird bei Schülern mit gutachterlich festgestellter Legasthenie bei der Notenbildung im Fach Deutsch von einer Bewertung der Rechtschreibleistung abgesehen. Bei Schülern mit anerkannter Lese-Rechtschreibschwäche können bei der Notenbildung des Faches Deutsch im Abschlusszeugnis die Leistungen im Lesen und Rechtschreiben zurückhaltend gewichtet werden. Dies ist im Zeugnis jeweils zu vermerken.

Berlin
In Berlin wird an öffentlichen Grundschulen ausschließlich von Lese- und Rechtschreibschwäche gesprochen. Den Begriff Legasthenie als „anerkannte Krankheit" gibt es in Berlin seit zehn Jahren nicht mehr. Gleichwohl gibt es private Anbieter, so genannte Legastheniezentren, deren Besuch den Kindern freigestellt ist, wenn die Eltern es wünschen.

In der öffentlichen Grundschule sieht jede Klasse wöchentlich zwei zusätzliche Förderstunden vor, die zur Behebung von Rechtschreibproblemen eingesetzt werden sollen. Für besondere Problemlagen können Kleinklassen (Frequenz 15) gebildet werden. Diese Kleinklassen sind eine re-integrative Maßnahme, das heißt, sie werden vorübergehend besucht. Sie können in den Klassenstufen 3 bis 6 gebildet werden. Die Aufnahme bedarf der Zustimmung der Erziehungsberechtigten. Die Entscheidung über die Aufnahme trifft die zuständige Schulaufsicht.

In Fällen, in denen weder Fördermaßnahmen noch Kleinklassen hilfreich erscheinen, ist der Schulpsychologische Dienst zur Beratung einzuschalten. Hier können im Einzelfall weitergehende einzelfallbezogene Empfehlungen gegeben werden.

Brandenburg
In der Grundschulverordnung des Landes Brandenburg ist in den Paragrafen 6 und 7 die Rechtsgrundlage für die Arbeit mit Grundschülern, die eine Teilleistungsstörung haben, beschrie-

ben worden. Paragraf 6 beschäftigt sich mit der Förderung und den Fördermaßnahmen. Das Ministerium geht von natürlichen Unterschieden der einzelnen Schülern sowohl in der Begabung, in den Leistungen und in den Neigungen als auch in Lern-, Arbeits- und Sozialverhalten aus. Diesen Unterschieden ist mit einem differenzierten Unterricht seitens des Lehrers Rechnung zu tragen.

Die differenzierten Lernangebote können auch außerhalb des Unterrichts durch zusätzlichen Förderunterricht unterstützt werden. Sie sollen dem jeweiligen Lerntempo, dem Leistungsniveau, der Belastbarkeit und den Begabungen und Neigungen der Schüler entsprechen. Dieser zusätzliche Unterricht kann auf Vorschlag der Klassenkonferenz im Rahmen des gemäß den Verwaltungsvorschriften über die Unterrichtsorganisation zur Verfügung gestellten Stundenrahmens eingerichtet werden. Diese Förderkurse können auch klassen- oder jahrgangsübergreifend durchgeführt werden. Für diesen zusätzlichen Förderunterricht sind differenzierte Pläne anzufertigen, um eine individuelle Förderung durchführen zu können. In diesen Plänen sind die Lernausgangslage, der Inhalt und Umfang des Förderbedarfs, der jeweils erreichte Entwicklungsstand und das Ergebnis der Förderung festzuhalten. Gefördert werden sollen Schüler mit erheblichen Schwierigkeiten im Lesen, Rechtschreiben oder Rechnen. Diese Förderkurse sollen nur zeitbegrenzt eingerichtet werden und auch die Teilnehmerzahl ist zu begrenzen.

Die Benotung kann für Schüler der 3. und 4. Jahrgangsstufe mit Teilleistungsstörungen im Lesen, Schreiben oder Rechnen durch eine schriftliche Information zur Lernentwicklung für einen Zeitraum von bis zu sechs Monaten für einzelne Fächer ersetzt werden. Voraussetzung ist ein Beschluss der Klassenkonferenz und die Zustimmung der Erziehungsberechtigten. Grundlage für solch einen Beschluss ist die Frage, ob eine Benotung sich negativ auf die Entwicklung des Kindes und seiner Leistung auswirkt.

Für die Förderung kann die jeweilige Schule nach vorheriger Information der Eltern Fachleute zur Beratung hinzuziehen. Dies können Lehrkräfte einer sonderpädagogischen Förder- und Beratungsstelle, Schulpsychologen oder Lehrer, die für besondere pädagogische Beratung zur Verfügung stehen, sein.

Laut Information des Ministeriums wird zur Zeit ein Rundschreiben zur Thematik „Fördern in der Grundschule" entwickelt. Dieses Rundschreiben soll bis Ende des Schuljahres 1999/2000 vorliegen.

Bremen

In den Richtlinien zur Förderung in der Grundschule der Freien Hansestadt Bremen ist geregelt, dass die Grundschulen grundsätzlich in ihrer Unterrichtskonzeption die Förderung aller Kinder zu organisieren haben. Dies bedeutet für die Lehrer, dass sie jedes Kind entsprechend seinen Leistungsvoraussetzungen innerhalb des Klassenverbandes durch differenzierten Unterricht fördern sollen. Die Klassenkonferenz entscheidet über Art und Dauer der durchzuführenden Fördermaßnahmen, der Klassenlehrer ist für die Koordination der konkreten Förderung verantwortlich. Um einen Schüler gezielt fördern zu können, bedarf es einer genauen Untersuchung der Lernprobleme. Zu berücksichtigen sind dabei der Lern- und Entwicklungsstand, die emotionale Verfassung, die familiäre Situation, die Verhaltensmuster beim Lernvorgang, die Anforderungen der Lernaufgaben und die Unterrichtsbedingungen. Diese Untersuchung sollte in Abständen wiederholt und gegebenenfalls korrigiert werden.

Als Förderziel geben die Richtlinien an, den Schülern ihre Stärken bewusst zu machen, ihnen Erfolgserlebnisse zu vermitteln, Lernhemmungen und Blockaden abzubauen, Lern- und Arbeitstechniken zu verbessern und die Leistungsrückstände aufzuarbeiten.

Es können zusätzliche Fördermaßnahmen eingerichtet werden, die auch klassen- und jahrgangsübergreifend stattfinden können. Schüler mit besonderen Lernschwierigkeiten unterliegen der Leistungsbeurteilung, wobei auf eine vergleichende Leistungsbeurteilung im geförderten Bereich verzichtet wird. Vielmehr erfolgt eine schriftliche Beurteilung, die die individuelle Lernentwicklung beschreibt. Grundlage dafür sind die in der Förderdiagnostik aufgestellten Ziele.

Für die Lehrer gibt es zahlreiche Fortbildungsveranstaltungen, die sie auf die Problematik von lese-rechtschreibschwachen Schülern vorbereiten. Außerdem existieren LRS-Beratungsstellen, die die LRS-Diagnose und für die Schulen Förderkonzepte erstellen. Unterstützung finden die Schulen auch bei den Schulpsychologischen Beratungsdiensten.

Das Ministerium unterstützt den Freien Träger „Stadtteilschule", deren Aufgabe u. a. darin besteht, außerschulischen Stütz- und Förderunterricht für Kinder mit festgestellten Lese-Rechtschreibschwierigkeiten anzubieten.

Hamburg

In Hamburg wird seit dem Schuljahr 1993/94 die Förderung von lese-rechtschreibschwachen Kindern in Form des Projektes „PLUS" – Projekt Lesen und Schreiben für alle – durchgeführt. Dieses Projekt läuft bis einschließlich Schuljahr 1999/2000. Danach soll es zur Regelaufgabe der Schulen werden.

Für PLUS ergeben sich folgende Grundprinzipien, bei denen der Schriftsprachberater eine entscheidende Rolle spielt:

- Die präventive Förderung soll schon in der Klasse 1 beginnen. Es wird Wert darauf gelegt, dass jedem Kind sein individueller Lernweg ermöglicht wird. Der Schriftsprachberater unterstützt anfänglich den Klassenlehrer bei der Lernbeobachtung und Frühförderung aller Kinder und konzentriert sich in der Folgezeit auf die Schüler mit Schwierigkeiten beim Erwerb des Lesens und Schreibens.
- Die Förderung soll im Rahmen des Klassenunterrichts stattfinden. Dadurch soll vermieden werden, dass das Kind aus dem normalen Unterricht herausgenommen wird, um

zu einem LRS-Unterricht zu gehen. Damit entfällt auch die Stigmatisierung dieser Kinder. Der Schriftsprachberater begleitet und unterstützt den Lernweg einzelner Kinder mit Blick auf die Arbeit im Klassenunterricht.

- Die Förderung soll kooperativ stattfinden, indem der Schriftsprachberater in die Klasse kommt, um dem Klassenlehrer bei der Förderung von Kindern mit Schwierigkeiten beim Schriftspracherwerb zu unterstützen. Er berät mit dem Klassenlehrer z.B. die Entwicklung von Förderkonzepten für einzelne Kinder, Möglichkeiten der Differenzierung, aber auch der Gestaltung gemeinsamer schriftsprachlicher Aktivitäten aller Kinder im Unterricht.

Mittlerweile arbeitet PLUS auch verstärkt in den Klassen 5 und 6.

Darüber hinaus gibt es aber auch außerunterrichtliche Lernhilfen (AUL), die eine Ergänzung zu PLUS darstellen. Sie sind für diejenigen Schüler und Schülerinnen vorgesehen, bei denen die integrative und präventive Förderung innerhalb des Klassenverbandes nicht ausgereicht hat, ihre erheblichen Lernrückstände abzubauen. Dies bedeutet, dass ein auf das Kind individuell zugeschnittenes Förderkonzept entwickelt werden muss.

Kinder mit folgenden Merkmalen können gemeldet werden:

1. Kinder, die massiv Gefahr laufen, das Lernangebot nicht mehr wahrnehmen zu können und unbedingt neuer Motivationshilfen bedürfen, um sich positiv mit Schriftsprache auseinander zu setzen.
2. Kinder, die besonderer Förderung im visuellen, auditiven, sprachlichen oder sensomotorischen Bereich bedürfen, die von der Schule nicht gegeben werden kann.
3. Kinder, für die es wegen starker seelischer Belastung eine Hilfe sein kann, zeitweilig einzeln oder in Kleinstgruppen das Lesen und Schreiben zu lernen.

Ausschlaggebend für die Meldung eines Kindes sollte sein, dass das Versagen im Schriftspracherwerb gravierend ist und dass trotz zwischenzeitlicher intensiver schulischer Förderung über einen längeren Zeitraum hinweg keine positive Lernentwicklung stattgefunden hat. Auch ausländische Kinder können in die AUL aufgenommen werden. Bedingung ist allerdings, dass sie über ausreichende deutsche Sprachkenntnisse verfügen.

Kinder, die für die AUL in Frage kommen, werden von den Lehrkräften in Absprache mit dem Schriftsprachberater bei der Dienststelle Schülerhilfe gemeldet. Zuvor müssen die Eltern jedoch dieser Meldung und einer eventuellen Aufnahme ihrer Kindes in die AUL zugestimmt haben. In dem dafür zuständigen Antrag muss die Schule die Aufnahme in die AUL begründen. Der LRS-Referent der Schülerhilfe entscheidet in Zusammenarbeit mit dem Schulpsychologen über die beantragte Aufnahme.

Hessen

Das hessische Kultusministerium hat im Amtsblatt 12/85 Richtlinien zur Förderung von Schülern mit besonderen Schwierigkeiten beim Lesen, Schreiben und Rechtschreiben erlassen.

Schüler, die darunter fallen sind Schüler, die trotz intensiver allgemeiner Förderung andauernde Schwierigkeiten beim Erlernen und beim Gebrauch der Schriftsprache haben, es sei denn, es liegt eine umfassende Lernbehinderung oder geistige Behinderung vor. Ebenso fallen Schüler anderer Muttersprachen, deren Schwierigkeiten aus zu geringen Kenntnissen der deutschen Sprache herrühren, nicht unter diese Richtlinien.

Für die Feststellung der Lese- und/oder Rechtschreibschwäche eines Schülers ist der Klassen- bzw. der Deutschlehrer verantwortlich. Wird eine Lese-Rechtschreibschwäche schon in den beiden ersten Jahrgangsstufen erkannt, müssen die Lern- bzw. Leistungsentwicklungen wie auch Art und Umfang bisheriger Fördermaßnahmen ausführlich dokumentiert und beschrieben werden. Die Erziehungsberechtigten sind auf ihr Recht hinzuweisen, Einsicht in den Fallbericht ihrer Kinder nehmen zu können. Außerdem können die Erziehungsberechtigten verlangen, einen Förderkursleiter, Sonderschullehrer, Schulpsychologen und/oder Schularzt für gezielte Untersuchungen heranzuziehen. Die Ergebnisse müssen in einem Bericht zusammengefasst werden, der jährlich neu zu erstellen ist. Über den Umfang, Art und Dauer der Förderung entscheidet die Klassenkonferenz in Abstimmung mit dem Schulleiter. Die Förderkurse sind verbindlich, wobei das Staatliche Schulamt einer Befreiung zustimmen kann, sofern außerschulische Förderungen nachgewiesen werden können.

Eine Lese-Rechtschreibschwäche kann auch noch nach Klasse 6 bestehen oder neu auftreten.

Da sich Lese-Rechtschreibschwierigkeiten auch auf die Fremdsprachen auswirken können, sind für diese Erkennung die Fremdsprachen- und/oder Deutschlehrer verantwortlich. Schon vom ersten Schuljahr an muss die Möglichkeit der Förderung gegeben sein. Dazu stehen vom zweiten Halbjahr der ersten Klasse bis zum Ende des vierten Schuljahres zwei Wochenstunden zur Verfügung, bei entsprechender personeller Voraussetzung in den Klassenstufen drei und vier insgesamt drei Wochenstunden, ab Klasse fünf zwei Wochenstunden. In begründeten Ausnahmefällen kann eine Förderung auch über das 6. Schuljahr hinaus stattfinden. Die Fördergruppen sollen in der Regel zwischen vier und sechs Schülern umfassen. Sie können sich aus der eigenen Klasse zusammensetzen oder aus verschiedenen Klassen. Sie können aber auch jahrgangs-, schul- oder schulformübergreifend gebildet werden. Schüler mit legasthenen Störungen können in besonderen Lerngruppen zusammengefasst werden.

Bei der Benotung gelten zuerst einmal die allgemeinen Kriterien. Wird nun eine Lese-Rechtschreibschwäche festgestellt und im Zeugnis unter Bemerkungen attestiert, werden z. B.

Diktate nicht mehr benotet, es sei denn, der Schüler hat eine mindestens mit der Note „ausreichend" zu bewertende Leistung erbracht. Auch bei anderen schriftlichen Arbeiten fließen die Rechtschreibfehler nicht in die Benotung mit ein. Dies gilt auch für Fremdsprachen.

Abgangs- und Abschlusszeugnisse werden nach den für alle Schüler geltenden Bestimmungen erteilt.

Mecklenburg-Vorpommern

Der LRS-Erlass in Mecklenburg-Vorpommern ist im Grunde auf zwei Säulen aufgebaut. Zum einen die Früherfassung, die in der Regel bis Ende des 2. Schuljahres stattfindet und zum anderen die Anerkennung im ersten Halbjahr der Jahrgangsstufe 4. Unter bestimmten Bedingungen ist die Feststellung und die förmliche Anerkennung auch nach der Jahrgangsstufe 4 möglich.

In Punkt 4 des Erlasses steht, dass die Erfassung von vermuteten lese-rechtschreibschwachen Kindern durch den Grundschullehrer in Zusammenarbeit mit dem LRS-Lehrer der zuständigen Grundschule erfolgt. Die erfassten Schüler werden dann auf Antrag der Erziehungsberechtigten über den Schulleiter an das zuständige Schulamt für eine LRS-Überprüfung gemeldet. Diese Diagnostik wird von LRS-Lehrern, die speziell dafür ausgebildet wurden, durchgeführt. Gemäß der Definition von Legasthenie werden Intelligenztests und spezielle Rechtschreib- und Lesetests mit den betroffenen Schülern gemacht. Ein beauftragter Grundschullehrer soll aber schon vor dieser Überprüfung drei spezielle Screeningverfahren mit den Schülern durchgeführt haben und die Ergebnisse zur Verfügung stellen. Außerdem muss der Klassenlehrer einen Schulbericht beifügen, in dem er über das Leistungs- und Sozialverhalten, über das sprachliche Entwicklungsniveau, über die Lernfähigkeit und über spezielle Begabungen des Schülers berichtet. Ebenso müssen darin schon erfolgte häusliche oder schulische Förderungen erwähnt werden. Auch Kontrolldiktate, Mathematikarbeiten und Freies Schreiben sind diesem Schulbericht beizufügen. Die Ergebnisse der Überprüfung werden dem zuständigen Schulamt mitgeteilt. Das Schulamt stellt daraufhin förmlich fest, ob eine Lese-Rechtschreibschwäche vorliegt und übersendet das Ergebnis der zuständigen Schule. Der Schulleiter dieser Schule informiert darüber die Erziehungsberechtigten.

Sollte das Schulamt die Anerkennung ablehnen, so muss dies genau begründet sein.

Für Kinder mit Verdacht auf eine Lese-Rechtschreibschwäche kann außerhalb der Regelklasse eine Fördergruppe mit bis zu zwei Förderstunden pro Woche eingerichtet werden. Diese Gruppe kann sich aus Schülern verschiedener Klassen und Jahrgangsstufen zusammensetzen. Es sollten mindestens drei, höchstens sechs Schüler pro Gruppe sein. Geleitet wird diese Förderung durch speziell ausgebildete Lehrkräfte.

Für Schüler mit dem Verdacht auf eine besonders schwere Lese-Rechtschreibschwäche können LRS-Klassen der Jahrgangsstufe 2 eingerichtet werden, die der Grund- und/oder Sprachheilschulen angegliedert sind. Der Übergang in diese speziellen LRS-Klassen, die nicht mehr als 12 Schüler umfassen sollten, erfolgt in der Regel nach Beendigung der ersten oder zweiten Klasse.

Kommt ein Schüler zurück in die Regelschulklasse, so ist er weiterhin durch LRS-Lehrkräfte zu betreuen. Generell gilt, dass für LRS-Schüler auch bei positiver Leistungsentwicklung nicht sofort Fördermaßnahmen entfallen dürfen. Es besteht auch die Möglichkeit der Intensivförderung in dafür spezialisierten Einrichtungen oder entsprechenden Förderschulen, wenn trotz umfangreicher und intensiver Maßnahmen Schüler nicht ausreichend gefördert werden können. Die Förderung kann auch über die Grundschulzeit hinaus stattfinden. Auf Antrag auch noch nach der Orientierungsstufe, also nach Klasse 6.

Liegt eine Anerkennung der Lese-Rechtschreibschäche vor, so ist in der Grundschule die Benotung differenziert zu gestalten. Bei der Bewertung von Aufsätzen und anderen schriftlichen Arbeiten bleibt die Rechtschreibleistung in der Gesamtnote unberücksichtigt, wenn diese über einen nicht absehbaren Zeitraum mangelhaft oder ungenügend bleibt. Wird in Einzelfällen die Anerkennung einer Lese-Rechtschreibschwäche auch nach der Jahrgangsstufe 4 durchgeführt, kann auch in diesen Fällen bei Aufsätzen, Mathematikarbeiten und Arbeiten in Sachfächern die Lese- und/oder Rechtschreibleistung nicht bewertet werden. Ebenso ist bei der Bewertung im Bereich der Fremdsprachen zu verfahren. Dies gilt nur solange, bis durchgehend mindestens mit „ausreichend" zu bewertende Lese- und Rechtschreibleistungen erzielt worden sind.

1999 wurde ein Schulversuch „LRS-Intensivförderung 1995–1999" erfolgreich abgeschlossen. Seine wichtigsten Ergebnisse lassen sich wie folgt zusammenfassen.
    Es wurde nachgewiesen,
– dass der Fördererfolg für Schüler mit einer schweren Lese-Rechtschreibschwäche, die unmittelbar nach der ersten Klasse in eine LRS-Intensivförderung aufgenommen worden sind, höher liegt als für Schüler in allen bisherigen LRS-Förderformen;
– dass eine schulische LRS-Förderung landesweit umsetzbar ist und
– dass durch eine qualitativ hochstehende Fort- und Weiterbildung Lehrkräfte aller Schularten auf die Umsetzung der LRS-Förderstrategie in den Bereichen Beratung, Diagnostik und Intensivförderung vorbereitet werden können.

Niedersachsen
Der Erlass unterscheidet zwischen Fördermaßnahmen in den ersten beiden Schuljahren und den Jahrgangsstufen drei und vier. Die Förderung in Klasse eins und zwei soll zuerst einmal im Klassenverband durch differenzierten Unterricht erfolgen. Hat diese Differenzierung keinen Erfolg, ist im Rahmen der Verfügungsstunden und der dafür bereitgestellten Lehrer-

stunden Förderunterricht einzurichten. Die Fördergruppen sollten möglichst aus einer Klasse gebildet werden, nicht mehr als zehn Schüler umfassen und vom Deutschlehrer geleitet werden.

Darüber hinaus können für vier bis acht Schüler mit besonderen Schwierigkeiten im Lesen/Rechtschreiben zusätzliche Förderkurse eingerichtet werden. Je nach Bedarf sind bis zu drei Wochenstunden anzusetzen. Auch in den Jahrgangsstufen drei und vier ist zuerst einmal durch differenzierten Unterricht im Klassenverband lese-rechtschreibschwachen Schülern zu helfen. Besondere Fördermaßnahmen sind darüber hinaus für Schüler vorgesehen, die die Ziele des Lese- und/oder Rechtschreibunterrichts der Jahrgangsstufe zwei noch nicht erreicht haben oder die in den Jahrgangsstufen drei und vier über einen Zeitraum von mindestens drei Monaten hinweg in ihren Lese- und/oder Rechtschreibleistungen schlechter als ausreichend beurteilt werden. Diese Fördergruppen sollten in der Regel vier bis acht Schüler umfassen. Nach Bedarf sollen zwei bis vier Wochenstunden dafür eingesetzt werden. In diesen Gruppen findet zusätzliches Lese- und Rechtschreibtraining statt.

Die Förderung kann auch über die vierte Klasse hinaus stattfinden, sofern bis zum Ende der Grundschulzeit die Schwierigkeiten im Lesen und/oder Rechtschreiben nicht behoben sind. Aber auch hier soll zuerst einmal durch einen differenzierten Deutschunterricht versucht werden, der Förderung Rechnung zu tragen. Erst wenn dies ohne Erfolg ist, sind Förderkurse zu errichten.

Nach der sechsten Klasse soll den betroffenen Schülern weiterhin durch differenzierte Maßnahmen und durch Aufstellen eines individuellen Förderplanes zum Selbsttraining Hilfe geboten werden.

Bei der Leistungsbewertung gilt, dass auch lese-rechtschreibschwache Schüler zuerst den allgemeinen Maßstäben zur Benotung unterliegen. Jedoch können in den Jahrgangsstufen drei und vier an Stelle der auf die jeweilige Klasse bezogenen Lernkontrollen im Lesen und Rechtschreiben individuell zugeschnittene Lernkontrollen treten. Die Leistungen im Lesen und Rechtschreiben werden nicht durch Noten, sondern nur verbal beurteilt.

In den Klassen 5 und 6 sollen die Schüler an allen zu zensierenden schriftlichen Arbeiten teilnehmen. Die Diktate werden benotet mit einer zusätzlichen schriftlichen Aussage über den individuellen Leistungsfortschritt. Bei der Benotung von Aufsätzen und Arbeiten in den Sachfächern darf sich die Rechtschreibfehlerzahl nicht zum Nachteil des Schülers auswirken.

An jeder Schule des Primarbereichs und des Sekundarbereichs I ist ein Lehrer mit dem Fach Deutsch als Fachobmann für Fragen der Förderung von Schülern mit Lese-Rechtschreibschwierigkeiten durch die Konferenz zu bestimmen.

Nordrhein-Westfalen

Der Erlass des Kultusministeriums von Nordrhein-Westfalen zu Fördermaßnahmen von lese-rechtschreibschwachen Schülern weist auf die spezielle Aufgabe der Grundschule zum Lesen- und Schreibenlernen hin. Treten Defizite auf, soll durch einen differenzierten Unterricht des Lehrers darauf eingegangen werden. Hierbei sind auch die Lernvoraussetzungen des Schülers von großer Bedeutung, wie Selbstvertrauen, Konzentrations- und Merkfähigkeit. Die Grundschule muss die Schüler im Hinblick auf diese Voraussetzungen gezielt fördern. Bei Lese-Rechtschreibschwierigkeiten, die durch einen differenzierten Unterricht nicht zu beheben sind, besteht die Möglichkeit den betroffenen Schüler durch zusätzlich zum Unterricht stattfindende Fördermaßnahmen zu unterstützen. Auch außerschulische Maßnahmen sind unter Umständen möglich.

Die Fördermaßnahmen sind auf die Lernbedingungen des Schülers abzustimmen.

Dazu gehören die schulische und die häusliche Situation ebenso wie die emotionalen (wie Selbstsicherheit, Lernfreude,

Belastbarkeit, Umgang mit Misserfolgen), kognitiven (wie Stand der Lese- und Rechtschreibentwicklung, Denkstrategie, Wahrnehmung, Sprache) und physiologischen (wie Motorik, Seh- und Hörfähigkeit) Bedingungen des Schülers. Für die Analyse kann sich der Lehrer die Unterstützung eines in der LRS-Förderung besonders erfahrenen Lehrers oder in Einzelfällen von einem Schulpsychologen holen. Die Fördermaßnahmen sollen früh genug einsetzen und konsequent über einen bestimmten Zeitraum stattfinden. Bringen diese Fördermaßnahmen keinen Erfolg, so muss die gewählte Methode und gegebenenfalls das Förderkonzept geändert werden. Zusätzliche Fördermaßnahmen erhalten Schüler der 1. und 2. Klasse, denen die notwendigen Voraussetzungen für das Lesen- und Schreibenlernen noch fehlen. Ebenso, wenn sie die grundlegenden Ziele des Lese- und Rechtschreibunterrichts nicht erreichen.

Für Schüler der Klassen 3–6 kommen Förderungen in Betracht, wenn sie über mindestens drei Monate den Anforderungen nicht entsprechen. Aber auch für Schüler der Klassen 7–10 besteht in Einzelfällen noch die Möglichkeit von zusätzlichen Fördermaßnahmen. Dies ist nur möglich, wenn die Schwierigkeiten im Lesen oder Rechtschreiben bisher nicht behoben werden konnten.

Über die endgültige Aufnahme eines Schülers in einen Förderkurs entscheidet die Schulleitung, nachdem der Fachlehrer den in Frage kommenden Schüler nach Rücksprache mit der Klassenkonferenz der Schulleitung gemeldet hat. Die Zuweisung erfolgt im Einvernehmen mit den Erziehungsberechtigten. Die Förderkurse können jeweils zum Schulhalbjahr eingerichtet werden und sollten sechs bis zehn Schüler umfassen. Sind Förderkurse nicht vorgesehen, können die Erziehungsberechtigten deren Einrichtung bei der Schulaufsicht anregen. Für Schüler, die einer zusätzlichen Fördermaßnahme bedürfen, gilt für die Klassen 3–6 und in Ausnahmefällen auch für die Klassen 7–10 zusätzlich: Der Lehrer kann von einer Benotung absehen und stattdessen den Leistungsstand in Worten ausdrücken. Außerdem besteht im Einzelfall die Möglichkeit andere Aufgaben zu stellen oder mehr Zeit einzuräumen. Die Rechtschreibleistungen werden nicht in die Beurteilung der schriftlichen Arbeiten und Übungen im Fach Deutsch oder in einem anderen Fach mit einbezogen. Bei der Endnote im Fach Deutsch ist sie zurückhaltend zu gewichten.

Rheinland-Pfalz

In der Verwaltungsvorschrift des Landes Rheinland-Pfalz steht, dass jede Schule es sich zur Pflicht machen muss, Schüler zu fördern, sobald sich Lernprobleme ergeben. Es genügt nicht, nur das Ausmaß des Versagens festzustellen. Es muss vielmehr eine begleitende Förderdiagnostik erstellt werden, die sowohl aufgabenspezifische Schwierigkeiten analysiert, wie auch den Lern- und Entwicklungsstand, die Lebensgeschichte, die schulischen Bedingungen und die emotionalen Aspekte des Kindes berücksichtigt. Während der gesamten Förderung müssen angemessene Fördervorschläge entwickelt werden. Unter Lernproblemen versteht die Verwaltungsvorschrift nicht nur Teilleistungsschwäche im Lesen und/oder Rechtschreiben, sondern auch in Mathematik. Verhaltensauffällige Schüler, Schüler mit physischen oder psychischen Problemen fallen ebenso unter diese Rubrik der Lernschwierigkeiten und Lernstörungen wie Schüler mit unzureichenden Deutschkenntnissen.

Zuständig für die Förderung ist der Klassenlehrer. Er entscheidet mit allen an der Förderung Beteiligten über Art und Dauer der Förderung und führt diese auch durch.

Die Förderung erfolgt zuerst klassenintern, wobei sie klassen-, gruppenbezogen oder individuell ausgerichtet sein kann. Hierbei besteht auch die Möglichkeit, eine weitere Lehrkraft (Doppelbesetzung) einzusetzen. In Ausnahmefällen können zusätzliche Fördermaßnahmen erteilt werden, die in Gruppen von vier bis acht Schülern stattfinden. Hierzu kann die für die

Klasse verbindliche Wochenstundenzahl höchstens um zwei Wochenstunden überschritten werden.

Eine dritte Möglichkeit der Förderung ist die integrierte Förderung für Kinder mit sonderpädagogischem Förderbedarf. Diese wird von Sonderschullehrern durchgeführt. Mit den Erziehungsberechtigten ist abzustimmen, ob eine klassenbezogene Benotung der Leistung erfolgt oder ob der individuelle Lernfortschritt verbal beschrieben wird. Können innerhalb der Grundschulzeit die Lernschwierigkeiten bzw. Lernstörungen nicht behoben werden, so kann in der Sekundarstufe I, insbesondere in der Orientierungsstufe, die Förderung fortgesetzt werden.

Die Leistungsbeurteilung von Schülern mit Lernstörungen bzw. Lernschwierigkeiten muss sich an den individuellen Lernvoraussetzungen und Lernwiderständen, an den erreichten Lernfortschritten sowie an den zu erreichenden Zielvorgaben orientieren. Außerdem muss die Gruppe, in der die Leistung erbracht wurde, berücksichtigt werden.

Bei dem Erstellen des Zeugnisses ist es auch möglich, mit Zustimmung der Erziehungsberechtigten die individuellen Lernfortschritte verbal zu beschreiben.

Saarland

In den Richtlinien zur Förderung von LRS-Kindern wird geregelt, dass der Klassen- oder Deutschlehrer bei Schülern mit besonderen Schwierigkeiten beim Erlernen des Lesens und Schreibens den Lernprozess begleitend dokumentieren soll. Diese Dokumentation bildet die Grundlage für die Planung und Durchführung individueller Förderhilfen und die Zuweisung zu besonderen Fördermaßnahmen. Sie muss sowohl aufgabenspezifische Schwierigkeiten analysieren, als auch den Lern- und Entwicklungsstand, die Lebensgeschichte, die schulischen Bedingungen sowie die emotionalen Aspekte des Kindes berücksichtigen. Während des gesamten Förderprozesses müssen Fördervorschläge entwickelt werden. Sollte es notwendig sein, dass ein Schulpsychologe herangezogen werden muss, so ist vorher das Einverständnis der Erziehungsberechtigten einzuholen.

Die Ziele der Fördermaßnahmen bestehen in der Stärkung der Schüler, im Abbau von Lernblockaden und im Wecken der Lust zum Lesen und Schreiben. Ebenso sollen die Lern- und Arbeitstechniken verbessert werden. Ziel ist es ebenfalls, im Unterricht auf Leistungsschwächen Rücksicht zu nehmen und ggf. in einzelnen Leistungsbereichen die Leistungsanforderungen zurückzunehmen. Gefördert wird in der Regel im differenzierten Unterricht durch den Klassenlehrer im Klassenverband. In Einzelfällen können auch zusätzliche schulische Fördermaßnahmen stattfinden. Bei sehr starker Lese-Rechtschreibschwäche kann auch noch außerschulische Förderung notwendig sein.

Die Klassenkonferenz entscheidet auf der Grundlage der vom Klassen- oder Deutschlehrer zu erstellenden Förderdiagnostik über Art, Dauer und Umfang der zusätzlichen Förderung. Die Entscheidung ist den Erziehungsberechtigten mitzuteilen. Diese sind auch anzuhören. Die zusätzlichen Fördermaßnahmen können parallel zum Regelunterricht durchgeführt werden. In besonderen Fällen kann der Förderunterricht im Umfang von höchstens zwei Unterrichtsstunden pro Woche auch zusätzlich zum Regelunterricht erteilt werden, so dass kein Unterricht ausfallen muss. Die Fördergruppen sollen mindestens vier, höchstens acht Schüler umfassen. Für diese Förderung stehen den Grundschulen zusätzliche Lehrerstunden zur Verfügung.

Förderbedürftig sind Schüler, denen in den Klassen 1 und 2 die notwendigen Voraussetzungen für das Lesen- und Schreibenlernen noch fehlen und die die grundlegenden Ziele des Lese- und Rechtschreibunterrichts nicht erreichen. Außerdem Schüler der Klassen 3 und 4, deren Leistung im Lesen und Rechtschreiben über einen Zeitraum von mindestens drei Monaten den Anforderungen nicht entsprechen. Schüler der

Orientierungsstufe, deren Lese- und Rechtschreibprobleme in der Grundschule nicht behoben werden konnten, haben ebenso ein Anrecht auf weitere Förderung wie Schüler der Klasse 7 bis 9 der Pflichtschulen, wenn deren besondere Schwierigkeiten im Rechtschreiben in der Orientierungsstufe nicht beseitigt werden konnten.

Bei Diktaten ist differenziert zu bewerten. So ist im Allgemeinen von einer klassenbezogenen Leistungsbeurteilung zu Gunsten einer individuellen Beschreibung des Lernfortschritts abzusehen. Über den klassenbezogenen Leistungsstand sind die Erziehungsberechtigten in regelmäßigen Abständen zu informieren. Sowohl in der Grundschule als auch in der Orientierungsstufe und gegebenenfalls in den Klassenstufen 7 bis 9 der Pflichtschulen ist bei der Bewertung von schriftlichen Arbeiten die besondere Lese- und/oder Rechtschreibschwäche zu berücksichtigen. Ob nun eine klassenbezogene Bewertung bei schriftlichen Arbeiten erfolgt oder ob der individuelle Lernfortschritt eines lese-rechtschreibschwachen Kindes verbal beschrieben wird, ist mit den Erziehungsberechtigten vorher abzuklären.

Sachsen

Eine Lese-Rechtschreibschwäche kann laut Verwaltungsvorschrift des sächsischen Staatsministeriums für Kultus vom 05.10.92, verlängert 1997, vorliegen bei Schülern, bei denen am Ende der Klasse 2 im Fach Deutsch mangelhafte oder ungenügende, in Mathematik jedoch mindestens ausreichende Leistungen zu erwarten sind.

Um die Förderbedürftigkeit belegen zu können, muss der Grundschullehrer auf Grund kontinuierlicher Beobachtungen entsprechendes Material sammeln. Die Förderung selber findet in LRS-Klassen statt, deren Beschulung auf freiwilliger Basis erfolgt. Punkt 5 der Verwaltungsvorschrift regelt das Aufnahmeverfahren. So stellt der Schulleiter im Einvernehmen mit den Erziehungsberechtigten beim Regionalschulamt einen Antrag auf Aufnahme in eine LRS-Klasse. Diesem Antrag sind ein unkorrigiertes Diktat (landesweites LRS-Diktat), die schriftliche Einverständniserklärung der Erziehungsberechtigten, sowie Hefte mit Kontrollarbeiten für Deutsch und Mathematik und sonderpädagogische oder medizinische Gutachten beizulegen. Es erfolgt ein Aufnahmeverfahren, das von einem vom Regionalschulamt berufenen Team geleitet wird. Das Verfahren soll bis Ende März des laufenden Schuljahres abgeschlossen sein. Das Team fertigt ein Gutachten an. Wird der Antrag abgelehnt, erhält die Schule Hinweise zur speziellen Förderung des Schülers. Bei Aufnahme in eine LRS-Klasse steht folgender Vermerk im Zeugnis: „. . . besucht ab Schuljahr 19../.. eine LRS-Klasse". Diese LRS-Klassen werden vom Regionalschulamt eingerichtet und als selbstständige Klassen in einem zweijährigen Lehrgang geführt. Sie sind nach Jahrgangsstufen zu bilden und sollen wenigstens 10, höchstens 16 Schüler umfassen. Am Ende der Klasse 3/II werden die Schüler in die Klasse 4 der zuständigen Grundschule zurückgeführt.

Die Schüler der LRS-Klassen unterliegen grundsätzlich den geltenden Maßstäben und Leistungsermittlungen und Leistungsbeurteilungen der Grundschule. Die Leistungsermittlung im Lesen und Rechtschreiben soll unter pädagogischen Gesichtspunkten erfolgen. Die Erziehungsberechtigten sind über Erscheinungsformen und Ursachen der Schwierigkeiten und die vorhandenen Möglichkeiten, diese zu überwinden, zu informieren. Außerdem sollen sie Möglichkeiten genannt bekommen, mit denen sie zu Hause den Lese- und Rechtschreibunterricht unterstützen können.

Das sächsische Staatsministerium für Kultus weist noch auf eine Handreichung des „Sächsischen Staatsinstituts für Bildung und Schulentwicklung" (Comenius-Institut) hin. In dieser Handreichung werden Hinweise zum Erkennen von LRS gegeben und die Auswirkung auf Fremdsprachen beschrieben. Frühförderung von LRS-Kindern und Umgang mit diesen sind ebenfalls aufgeführt, sowie die Zusammenarbeit mit Eltern und weiteren Ansprechpartnern für Eltern.

Außerdem ist in dieser Handreichung noch einmal die Einrichtung von LRS-Klassen genauestens beschrieben. Sie ist zu beziehen über

Stoba-Druck GmbH
Am Markt 16
01561 Lampertswalde
Best.-Nr. 96/H 2 15 010
zu einem momentanen Preis von 10,- DM.

Diese Handreichung dürfte auch für Eltern aus den anderen Bundesländern interessant sein.

Sachsen-Anhalt

In den Grundschulen von Sachsen-Anhalt werden Kinder mit einer Lese-Rechtschreibschwäche in zwei unterschiedlichen Formen gefördert. Es besteht die Möglichkeit der integrativen Förderung von Schülern. Dafür erhält die Schule zusätzliche Stunden, die sie in eigener Verantwortung für eine Kleingruppenförderung oder für Team-teaching nutzen kann.

An einer großen Anzahl von Grundschulen werden im 2. und im 3. Schuljahr besondere Klassen für LRS-Schüler geführt. Voraussetzung für die Einrichtung ist eine Mindestzahl von 7 Schülern, bei denen eine Lese-Rechtschreibschwäche diagnostiziert wurde. In diesen Klassen wird der Lese-Rechtschreiblehrgang nochmals vollständig absolviert. Ziel ist es, dass die Kinder nach 2 Jahren den Unterricht mit entsprechender Förderung in einer Regelklasse fortsetzen können. Um an einer Fördermaßnahme teilnehmen zu dürfen, ist die sachgerechte Feststellung des Umfangs der LRS notwendig. Diese erfolgt in der Regel in der Grundschule. Dabei arbeiten entsprechend qualifizierte Grundschullehrer, Schulpsychologen und Sonderschullehrer zusammen. Gegebenenfalls werden auch medizinische Gutachten hinzugezogen. Wichtig ist aber, ob LRS vorliegt, entscheidet alleine die Schule.

Für LRS-Schüler kann in den Schuljahrgängen 5–7 der Sekundarstufe eine Befreiung von der Benotung im Fremdsprachenunterricht ausgesprochen werden. Dazu müssen die Erziehungsberechtigten einen formlosen Antrag stellen. Die zuständige Schule hat sicherzustellen, dass alle Angaben und Unterlagen in diesem Antrag enthalten sind. Welche Unterlagen und Angaben im Antrag enthalten sein müssen, regeln Punkt 2.1, 2.2 und 2.3 des Runderlasses des Kultusministeriums vom 16.02.1994. Zu bedenken ist, dass für die Anträge Fristen gesetzt sind, die im Runderlass vom 16.02.1994 abgedruckt sind.

Die Schüler, die von der Benotung im Fremdsprachenunterricht befreit wurden, nehmen an allen Leistungserhebungen teil, wobei die Lernfortschritte auf dem Zeugnis verbal ausgewiesen werden. Ab Klasse 7 werden im Fremdsprachenunterricht mündliche Leistungen benotet, während bei den schriftlichen Leistungserhebungen verbale Aussagen über den individuellen Lernfortschritt zu treffen sind. Im 2. Schulhalbjahr werden alle Leistungen benotet.

Die Fremdsprachenlehrer müssen Förderprogramme für LRS-Schüler entwickeln. Die Fördermaßnahmen sind entweder durch differenzierten Unterricht oder im Rahmen der zur Verfügung stehenden Förderstunden durchzuführen.

Schleswig-Holstein

Das Ministerium für Bildung, Wissenschaft, Forschung und Kultur von Schleswig-Holstein hat eine Broschüre unter dem Titel „Hinweise für Eltern – Legasthenie" herausgegeben. In dieser Broschüre werden die Eltern über die Erscheinungsbilder der Legasthenie und über die Annahmen und Ergebnisse der Ursachenforschung informiert. Außerdem gibt es Literaturhinweise für Lehrer und Eltern, ebenso Anschriften der Schulpsychologischen Dienste und des Bundesverbandes für Legasthenie. Zu beziehen ist diese Broschüre über das Ministerium. Der Erlass besagt, dass der Lese-Rechtschreibprozess nach $1^1/_2$ Schuljahren abgeschlossen sein sollte. Treten aber Störungen im Lesen und/oder Schreiben auf, so sind zuerst einmal die Maßnahmen, die im Lehrplan der Grundschule aufgeführt sind, um Lernstörungen frühzeitig zu begegnen, anzuwenden. Diese Maßnahmen sollen während des Unterrichts durchgeführt werden. Gleichzeitig kann aber auch eine Förderung in Kleingruppen stattfinden. Nach den ersten $1^1/_2$ Jahren ist sorgfältig zu prüfen, ob die Leistungen des Schülers ausreichen, um ohne Schwierigkeiten darauf aufbauen zu können, oder ob eine Wiederholung der Klassenstufe 1 sinnvoller erscheint. Spricht man sich gegen ein Zurückversetzen aus, so wird die Förderung weitergeführt. Eine gezielte Förderung soll durch dafür ausgewiesene Förderstunden erfolgen. Sie kann klassen- und jahrgangsübergreifend sein und muss sich nicht unbedingt an den 45-Minuten-Zeittakt halten. Bei Klassendiktaten können die lese-rechtschreibschwachen Schüler z.B. nur einen Teil mitschreiben, während sie den Rest des Diktates abschreiben. An vorbereiteten schriftlichen Übungen und Übungsdiktaten müssen sie aber teilnehmen.

Bei der Bewertung von Aufsätzen und anderen schriftlichen Arbeiten bleibt die Rechtschreibleistung in der Gesamtnote unberücksichtigt. Rechtschreibfehler werden angemerkt und verbessert. Diktate und vergleichbare Übungsarbeiten sollen nach pädagogischen Gesichtspunkten des Einzelfalles statt mit einer Note verbal beurteilt werden. Hierbei soll insbesondere der individuelle Leistungsfortschritt erwähnt werden. Der tatsächliche Leistungsstand in der Rechtschreibung ist den Eltern im Verlaufe eines Schuljahres mitzuteilen. Bei positiver Leistungsentwicklung soll mit den Fördermaßnahmen nicht sofort aufgehört werden. Zeigt sich auch noch in der 4. Klasse eine ausgeprägte Lese-Rechtschreibschwäche und besteht die Befürchtung, dass dadurch die Schullaufbahn des Schülers entgegen seinem eigentlichen Leistungsvermögen beeinträchtigt wird, ist das Verfahren zur förmlichen Feststellung einer Legasthenie einzuleiten.

Auf Antrag der Eltern oder mit deren Einverständnis beschließt die Klassenkonferenz bis zum Ende der ersten Hälfte des vierten Schuljahres, Kinder, bei denen eine Lese-Rechtschreibschwäche vermutet wird, von dafür ausgebildeten Lehrern überprüfen zu lassen. Diese Überprüfung umfasst die Feststellung der Begabungshöhe und der Lese-Rechtschreibfertigkeit. Die Ergebnisse der Untersuchung werden der unteren Schulaufsichtsbehörde zu Beginn der zweiten Hälfte der 4. Klasse mitgeteilt. Diese stellt daraufhin förmlich fest, ob eine Legasthenie vorliegt und teilt dies der Schule mit. Diese wiederum informiert die Eltern schriftlich.

Teilweise wird die Legasthenie erst in der 5. Klasse deutlich sichtbar. Eine förmliche Anerkennung geschieht auf dieselbe Art und Weise wie für die oben beschriebene Grundschule. Nur ist für Schüler eines Gymnasiums das Kultusministerium zuständig.

Wird in der 5. und 6. Klassenstufe eine Legasthenie förmlich festgestellt, sollen diese Schüler im Rahmen der Stundentafel der Orientierungsstufe und den zugelassenen zusätzlichen Lehrerstunden gefördert werden. Die Gruppengröße soll 10 Schüler nicht überschreiten. Der Förderunterricht soll auch die 1. Fremdsprache einbeziehen, wenn dies notwendig ist.

Zur Bewertung der Rechtschreibleistung regelt der Erlass, dass die Diktate entsprechend dem individuellen Leistungsfortschritt des Schülers verbal bewertet werden können. Bei Aufsätzen, Mathematikarbeiten und in Sachfächern dürfen Rechtschreibfehler nicht in die Benotung mit einfließen. Bei der Bewertung von schriftlichen Arbeiten in den Fremdsprachen ist die Legasthenie zu berücksichtigen. Diese differenzierte Bewertung tritt aber nur dann in Kraft, wenn die Eltern einem Vermerk im Zeugnis zustimmen. In den Klassen 8–10 wird dieser Vermerk nur auf Antrag der Eltern ins Zeugnis übernommen. Aber auch nach der Orientierungsstufe kann noch auf den oben beschriebenen Grundlagen eine förmliche Anerkennung stattfinden. Diese gelten jedoch nur solange, bis durchgehend mindestens mit „ausreichend" zu bewertende Rechtschreibleistungen erzielt werden.

Thüringen

In Thüringen gibt es keine speziellen Regelungen zur schulischen Förderung von Schülern mit Legasthenie. Schüler mit Schwierigkeiten beim Erwerb des Lesens und Schreibens werden nach der Richtlinie zu „Fördermaßnahmen für Kinder und Jugendliche mit besonderen Lernschwierigkeiten in den allgemeinbildenden Schulen (außer Förderschulen) in Thüringen" vom 30. Juni 1998 besonders gefördert. Zielgruppe der Richtlinie sind Schüler mit Lernschwierigkeiten, die ohne besondere Fördermaßnahmen die schulischen Anforderungen nicht ausreichend bewältigen. Diese besonderen Lernschwierigkeiten können sich in Problemen beim Sprechen, Lesen und Schreiben, in Schwierigkeiten beim Rechnen und in Problemen des Verhaltens äußern.

Werden bei einem Schüler besondere Lernschwierigkeiten festgestellt, kann diesen zuerst durch verstärkte Differenzierung im Klassenverband, Einsatz von zusätzlichen Lehrern oder Erziehern begegnet werden. Ab Klassenstufe 2 kann in der Grundschule eine zweite Ergänzungsstunde für besondere Fördermaßnahmen nach einem Förderplan verwendet werden. Zeigen diese Maßnahmen keinen oder nur geringen Erfolg, erstellen die Mobilen Sonderpädagogischen Dienste ein Gutachten mit dem Ziel, das bisherige Förderkonzept zu unterstützen, fortzuschreiben und weitere Maßnahmen vorzuschlagen. Auf Grundlage dieses Gutachtens wird ein verbindlicher Förderplan erstellt, der jährlich fortgeschrieben wird. Auf der Basis dieses Plans erfolgt die weitere Förderung. Neben innerer Differenzierung können dafür zwei zusätzliche Pflichtstunden genutzt werden. Zu den Maßnahmen kann auch eine Änderung des Lernortes gehören, wenn der inzwischen bestehende sonderpädagogische Förderbedarf an der Grundschule nicht mehr erfüllt werden kann. Sollten die Fördermaßnahmen am

Ende der Grundschulzeit noch keinen oder nur geringen Erfolg zeigen, können die aufnehmenden Schulen geeignete Fördermaßnahmen fortführen oder neu einrichten. Dazu wird ein Förderplan unter Mithilfe der Mobilen Sonderpädagogischen Dienste, der Eltern und der Lehrer erstellt.

Aber auch wenn sich erst nach der Grundschulzeit ein Förderungsbedarf ergibt, besteht die Möglichkeit der speziellen Förderung durch einen individuellen Förderplan. Alle Fördermaßnahmen haben zum Ziel, die Stärken der Schüler herauszuarbeiten, Erfolgserlebnisse zu ermöglichen, die Lernmotivation zu fördern, Lernstrategien und Arbeitstechniken zu vermitteln, sowie Verhaltensweisen einzuüben.

Bei der Leistungserhebung und -feststellung werden besondere Lernschwierigkeiten entsprechend berücksichtigt. Ist die Leistungsbewertung in Form von Noten pädagogisch nicht angezeigt, kann zeitweilig auf die Bewertung mit Noten verzichtet werden. Der Lernfortschritt wird dann verbal beurteilt. Der Verzicht auf Leistungsbewertung mit Noten kann auch für Zeugnisse gelten. In Abschluss- und Abgangszeugnissen wird jedoch in jedem Fall eine Note erteilt.

Schweiz

In der Schweiz hat jeder Kanton einen eigenen Erlass. Es würde den Rahmen des Buches sprengen, wenn ich alle diese Erlasse aufführen würde. Wenn Sie nähere Informationen über Legasthenie in der Schweiz haben möchten, sollten Sie sich an die „Delegiertenkonferenz der kantonalen Legasthenie-Therapeuten-Verbände (DELEGA)" wenden. Diese Dachorganisation hat eine eigene homepage im Internet:

www.delega.ch

Dort finden Sie auch die jeweils neuesten Adressen der Verbandspräsidentinnen der einzelnen Kantone, die Ihnen bei Ihren Fragen gerne weiterhelfen werden.

Österreich

Auch in Österreich gibt es kein einheitliches Legastheniegesetz. Jedes Bundesland hat seinen eigenen Erlass. Wenn Sie nähere Informationen bezüglich Legasthenie haben möchten, sollten Sie sich an Ihren zuständigen Landesverband oder an den „Ersten Österreichischen Dachverband Legasthenie (EÖDL)" wenden.

Die Adressen lauten:

EÖDL und Kärntner Landesverband Legasthenie
Herr Mario Engel
Frau Dr. Astrid Kopp-Duller
Bahnhofstr. 24-2
9020 Klagenfurt
Tel und Fax: 0463/55660
E-mail: office@dyslexics.com
Internet: www.legasthenie.com

Landesverband Niederösterreich
Dir. Konrad Puchbauer-Schnabel
St. Pöltnerstr. 11
3233 Kilb
Tel: 02748/7827

Landesverband Oberösterreich
Frau Anna Steiner
4600 Wels
Tel: 07242/44320
E-mail: AnnaSteiner@legastdhenietrainer.at

Landesverband Steiermark
Frau Petra Rouschal
Mandellstr.
48010 Graz
Tel: 0676/3690717
Fax: 0316/829562
E-mail: hposch i@iaik.tu-graz.ac.at

Landesverband Salzburg
Mag. Eva Roth
Frau Elfi Nedwed
Gislarweg 3
5300 Hallwang
Tel: 0662/662180
E-mail: eva.roth@salzburg.co.at

Tirol Verein ARKUS
Frau Gudrun Lindsberger
Dolomitenstr. 41
9900 Lienz
Tel: 04852/64085
E-mail: arkus@gmx.at

Landesverband Wien
Frau Sabine Witt
Herr Andreas Weichselbaum
Wallgasse 26/17
1060 Wien
E-mail: anwalt@wittavocat.at
Internet: www.wll.at

Test zur Phonologischen Bewusstheit

Bei diesem Test ist es wichtig, dass Sie vor jeder der sieben Übungen (Analyse 1.–4. und Synthese 1.–3.) verdeutlichen, was gemacht werden soll. Machen Sie es anhand eines Beispieles vor.

In Teil 1 – Analyse – geht es darum, die Anfangsbuchstaben, Endbuchstaben und Mittelbuchstaben eines Wortes herauszuhören und zu erkennen.

Sie lesen das erste Wort (du) vor und Ihr Kind soll den Anfangsbuchstaben, in diesem ersten Fall das „d" benennen. Es soll dabei nicht „de" sondern „d" sagen.

Sollte Ihr Kind den Anfangsbuchstaben nicht sofort erkennen, sollten Sie ihm eine zweite Chance geben. Erst danach gehen Sie zum nächsten Wort über.

Verfahren Sie bei den anderen Übungen ebenfalls so.

Bei Teil 2 – der Synthese – geht es darum, dass Sie die einzelnen Buchstaben vorsagen und das Kind Sie zu einem ganzen Wort zusammenfügen soll.

Sie können nun relativ schnell feststellen, ob Ihr Kind Schwierigkeiten bei einer der sieben Übungen hat. Genau da sollten Sie mit Ihren Übungen verstärkt ansetzen.

Test Phonologische Bewusstheit

Analyse

Anfangslaute benennen:
du **l**os **a**ls **N**ase **R**ose **W**al **r**osa **e**s **T**isch **S**aal

Schlusslaut benennen:
Bau**m** da**s** Leut**e** Bet**t** e**s** klei**n** Ese**l** turne**n** s**o** Hu**t**

Mittellaut benennen:
T**o**r W**a**l H**o**f **u**ns **a**rm **E**lch sch**ö**n g**u**t w**i**r H**u**t

jeden einzelnen Laut benennen:
s-o a-m e-l-f l-o-s O-p-a B-a-l-l M-a-u-s M-a-m-a
T-a-n-t-e h-ö-r-e-n

Synthese

1. d-u i-n e-s s-o e-r d-a

2. T-a-l l-o-s e-l-f H-o-f u-n-s a-l-s

3. sch-ö-n M-a-m-a R-o-s-e W-a-l-d B-l-u-m-e
T-o-p-f w-a-r-m S-a-n-d

DVLD

Dachverband Legasthenie Deutschland – DVLD
German Dyslexia Association
Isardamm 125
82538 Geretsried
www.legasthenie.org
Email: komitee@legasthenieverband.org

Verwendete und empfohlene Literatur

Bundesverband Legasthenie e.V. Legasthenie. Definitionen mit Erläuterungen und Empfehlungen

Leitner, S. (1995, 7. Auflage). So lernt man lernen. Der Weg zum Erfolg. Herder Spektrum Herder Verlag, Freiburg im Breisgau

Piaget, J., Inhelder, B. (1981, 4. Auflage). Die Psychologie des Kindes. Fischer Taschenbuch Verlag, Frankfurt/M.

Soremba, E.-M. (1998, 3. Auflage). Legasthenie muß kein Schicksal sein. Herder Spektrum Verlag Herder, Freiburg im Breisgau

Tacke, G. (1996/99). Flüssig lesen lernen. Übungen, Spiele und spannende Geschichten. Ein Leseprogramm für den differenzierenden Unterricht, für Förderkurse und für die Freiarbeit. Je ein Heft für Klasse 1/2, 2/3 und 4/5. Donauwörth: Auer.

Tacke, G. (1998/99). Mit Hilfe der Eltern: Flüssig lesen lernen. Übungen, Spiele und eine spannende Geschichte. Je ein Heft für Klasse 1/2, 2/3 und 4/5. Donauwörth: Auer.

Tacke, G. (1998). Lese-Rechtschreib-Schwäche. Diagnose, Ursachen, Fördermöglichkeiten Hrsg.: Landesinstitut für Erziehung und Unterricht Stuttgart

Tacke, G. (1999). Computerprogramme für die Lese-Rechtschreibförderung: Bestandsaufnahme und Perspektiven. In: Informationen für Schulpsychologen und Schulpsychologinnen, Heft 45. Hrsg.: Landesinstitut für Schule und Weiterbildung Soest.

Tacke, G., Brenzing, H., Schultheiß, G. (1994). Rhythmischsyllabierendes Mitsprechen als Möglichkeit, die Rechtschreibung zu verbessern. Lehren und Lernen, 1994, Heft 1, 13–39.

Blicklabor Beratung Legasthenie, Universität Freiburg, Internet: http://www.brain.uni-freiburg.de/fischer/bbl.legas.html

Universität Marburg. Internet: http://www.kjp.uni-marburg.de/kjp/legast/

Mit Kindern leben

Rainer Dürre
Rechenschwäche – das Trainingsprogramm für Ihr Kind
Band 5187
Rechenschwäche lässt sich wirksam behandeln: Der Autor führt Eltern
in eine spezielle Trainingsmethode ein, die schon bald Erfolge bringt.

Jenny Alexander
„Das ist gemein!" – Wenn Kinder Kinder mobben
So schützen und stärken Sie Ihr Kind
Band 4770
Die Autorin berücksichtigt die praktische und die seelische Seite des
Problems „bullying" und zeigt kreative und effektive Handlungsmög-
lichkeiten auf.

Patricia H. Berne/Louis M. Savary
Kinder brauchen Selbstvertrauen
Tipps und Ratschläge für Eltern
Band 5138
Mit Selbstvertrauen lassen sich die vielen Aufgaben des Lebens
meistern. Wie man Kinder oft mit „Kleinigkeiten" unterstützen kann.

Mark L. Brenner
Positiv erziehen
Konsequent bleiben, ohne autoritär zu sein
Band 4783
Wenn sie sich in ihrem Anliegen verstanden wissen und Alternativen
sehen, können Kinder durchaus damit klarkommen, dass sie etwas
nicht bekommen oder nicht dürfen. Brenner zeigt, wie das gelingt.

Uta Brückner/Heike Friauf
Schulstart – leicht gemacht
Ein Elternratgeber
Band 4837
Ein praktisches Nachschlagewerk für die ersten vier Schuljahre.

HERDER spektrum

Rudolf Dreikurs
Ermutigung an jedem Tag
Zuversicht für Eltern und Kinder
Hg. von Eva Dreikurs
Band 5047
Auf den Punkt gebracht: Wie das Zusammenleben in der Familie in
einer guten Atmosphäre gelingt.

Rudolf Dreikurs/Loren Grey
Kinder lernen aus den Folgen
Wie man sich Schimpfen und Strafen sparen kann
Band 4884
Konsequentes und vernünftiges Handeln von Seiten der Eltern verhilft
Kindern frühzeitig dazu, eigenständige Erfahrungen zu sammeln und
mit der Freiheit richtig umzugehen.

Renate Feuerlein
Du kannst es
Erfolgreich lernen mit Kinesiologie
Band 4680
Übungen und Geschichten zur Konzentration, zur Beruhigung, aber
auch zur Aktivierung.

Xenia Frenkel
Einfach & glücklich
Leben mit Kindern
Band 4828
Ein Ratgeber, der zeigt: Einfacher leben heißt mehr vom Leben haben.

Ursula Henn
So kann mein Kind sich besser konzentrieren
Übungen und Hilfen für Schulkinder
Band 4785
Übungen, die Stress abbauen und zu innerer Ausgeglichenheit führen –
und damit Aufmerksamkeit und Konzentrationsfähigkeit steigern. Für
Kinder ab 5 und ihre Eltern.

HERDER spektrum

Margot Käßmann
Erziehen als Herausforderung
Band 5170

Die evangelische Bischöfin und Mutter von vier Kindern gibt ihre
eigenen Erfahrungen weiter: Anregungen für eine Erziehung, in der
auch Spiritualität eine Rolle spielt.

Daniela Liebich
Mit Kindern richtig lernen
Ein Ratgeber für Eltern
Band 4787

Spaß ist eine wesentliche Voraussetzung für erfolgreiches Lernen.
Die Autorin zeigt: Spielerisches Lernen löst Blockaden auf.

Gisela Lück
Leichte Experimente für Eltern und Kinder
Band 4811

Eltern und Kinder finden vom Staunen zum Begreifen der Umwelt:
problemlos, ganz ungefährlich und mit viel Spaß.

Maria Montessori
Lernen ohne Druck
Schöpferisches Lernen in Familie und Schule
Hg. von Ingeborg Becker-Textor
Band 5252

Wer ohne Druck lernt, behält das Wissen – und die Neugier auf alles,
was es noch zu lernen gibt.

Monika Niederle
Schulangst
So helfen Sie Ihrem Kind
Band 5219

Wege aus dem Teufelskreis von Angst und Versagen. Kinder ernst
nehmen in ihrer Angst – hilfreiche Hinweise für Schule und Familie.

HERDER spektrum

Marleen Noack
Schulerfolg leicht gemacht
Wie mein Kind das Lernen lernt
Band 4723

Die richtige Lernweise, eine gute Motivation und sinnvolle Tagesplanung geben dem Schulstress keine Chance mehr.

Ulrich Rabenschlag
Kinder stark machen gegen die Angst
Wie Eltern helfen können
Band 5164

Wenn die Ängste eines Kindes über das normale Maß hinausgehen, braucht es Schutz und Hilfe. Ganz praktisch lernen hier Eltern den richtigen Umgang mit Kinderängsten.

Michael Rohr
Freiheit lassen – Grenzen setzen
Wie Eltern Sicherheit gewinnen und ihren Kindern Halt geben
Band 4618

Der kompetente Kinderarzt ermutigt Eltern, mit den Kindern zusammen das sensible Gleichgewicht zwischen Freiheit und Begrenzung immer wieder neu zu finden.

Peter Veith
Ohne Fäuste geht es auch
Kinder lernen gewaltfrei leben
Band 4951

Der Autor zeigt, wie Eltern eine Umgebung schaffen können, die Kinder beachtet und ernst nimmt, und wie daraus Respekt anderen gegenüber entsteht.

Marie-Laurie Wieacker-Wolff
Mit Kindern philosophieren
Staunen – Fragen – Nachdenken
Band 5061

Die Autorin macht Eltern Mut, mit den Kindern den Dingen auf den Grund zu gehen.

HERDER spektrum